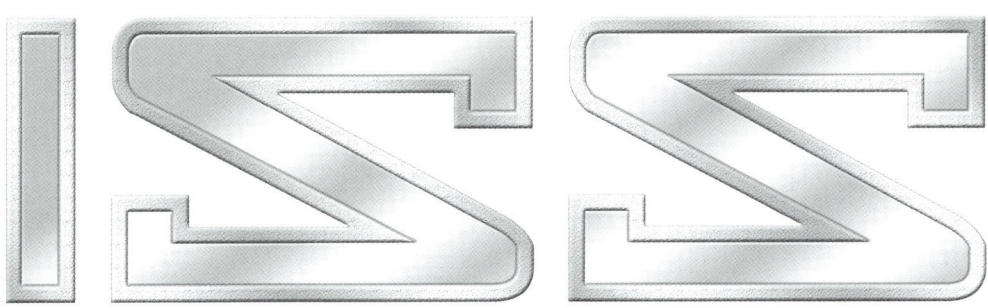

ISS
DIE INTERNATIONALE RAUMSTATION

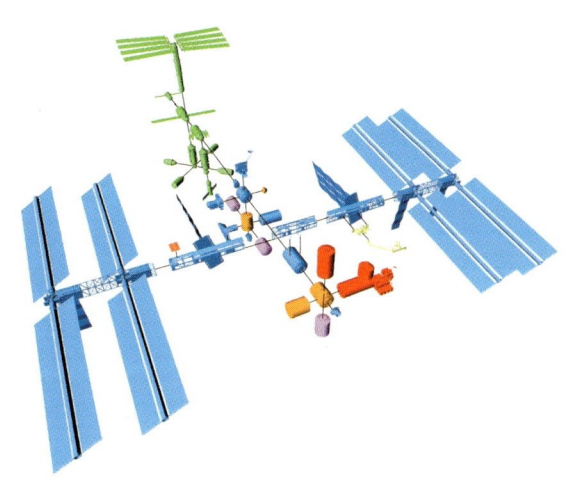

DIE INTERNATIONALE RAUMSTATION

Von **DAVID JEFFERIS**
Illustrationen von **SEBASTIAN QUIGLEY**

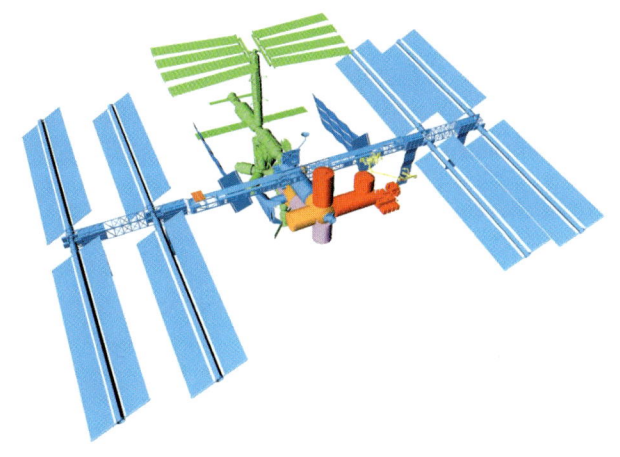

arsEdition

Die Deutsche Bibliothek – CIP-Einheitsaufnahme

Ein Titeldatensatz für diese Publikation ist bei
Der Deutschen Bibliothek erhältlich

1. Auflage 2003

Redaktionelle Beratung: Peter Sackett
Künstlerische Gestaltung: Phil Jacobs
Wissenschaftliche Beratung: Mat Irvine (FBIS)
Lektorat: Norman Barrett
Color Separation: SC (Sang Choy) International Pte Ltd.

Aus dem Englischen von Cornelia Panzacchi
Redaktion der deutschen Ausgabe: Ina Schumacher
Textlektorat der deutschen Ausgabe: Anne Emmert
ISBN 3-7607-4778-7

www.arsedition.de

Der Autor dankt allen Privatpersonen und Organisationen,
die dieses Buch möglich machten:
Agencia Espacial Brasileira, Alenia Aerospazio, Arianespace, Boeing Corpora-
tion, Europäische Raumfahrtagentur ESA, Marshall Space Flight Center, NASA,
National Space Development Agency of Japan NASDA.

Bildnachweis:
NASA, ESA, NASDA, David Jefferis

INHALT

DIE RAUMSTATION

Die Internationale Raumstation ISS (engl. International Space Station), auch Alpha genannt, ist das größte je von Menschen geschaffene Objekt im Weltraum. Mit drei Astronauten an Bord umrundet sie in 80 Minuten einmal die Erde. Wenn erst alle Teile montiert sind, sollen sich bis zu sieben Menschen in der ISS aufhalten.

Der Roboterarm kann Objekte in der Nähe der ISS bewegen.

Die zylinderförmigen Module haben alle die gleiche Ankoppelungsvorrichtung. Sie passen in den Laderaum einer Raumfähre.

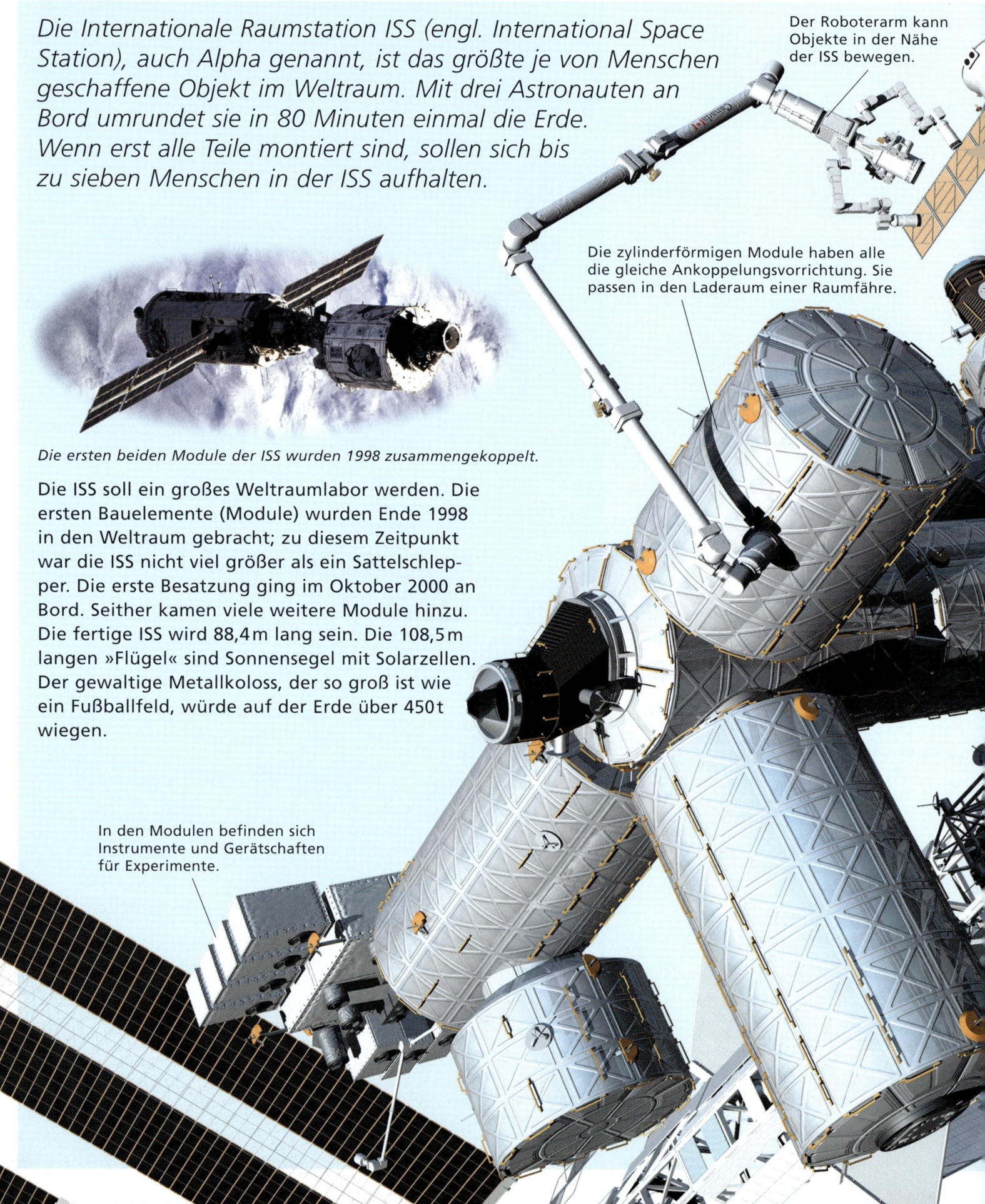

Die ersten beiden Module der ISS wurden 1998 zusammengekoppelt.

Die ISS soll ein großes Weltraumlabor werden. Die ersten Bauelemente (Module) wurden Ende 1998 in den Weltraum gebracht; zu diesem Zeitpunkt war die ISS nicht viel größer als ein Sattelschlepper. Die erste Besatzung ging im Oktober 2000 an Bord. Seither kamen viele weitere Module hinzu. Die fertige ISS wird 88,4 m lang sein. Die 108,5 m langen »Flügel« sind Sonnensegel mit Solarzellen. Der gewaltige Metallkoloss, der so groß ist wie ein Fußballfeld, würde auf der Erde über 450 t wiegen.

In den Modulen befinden sich Instrumente und Gerätschaften für Experimente.

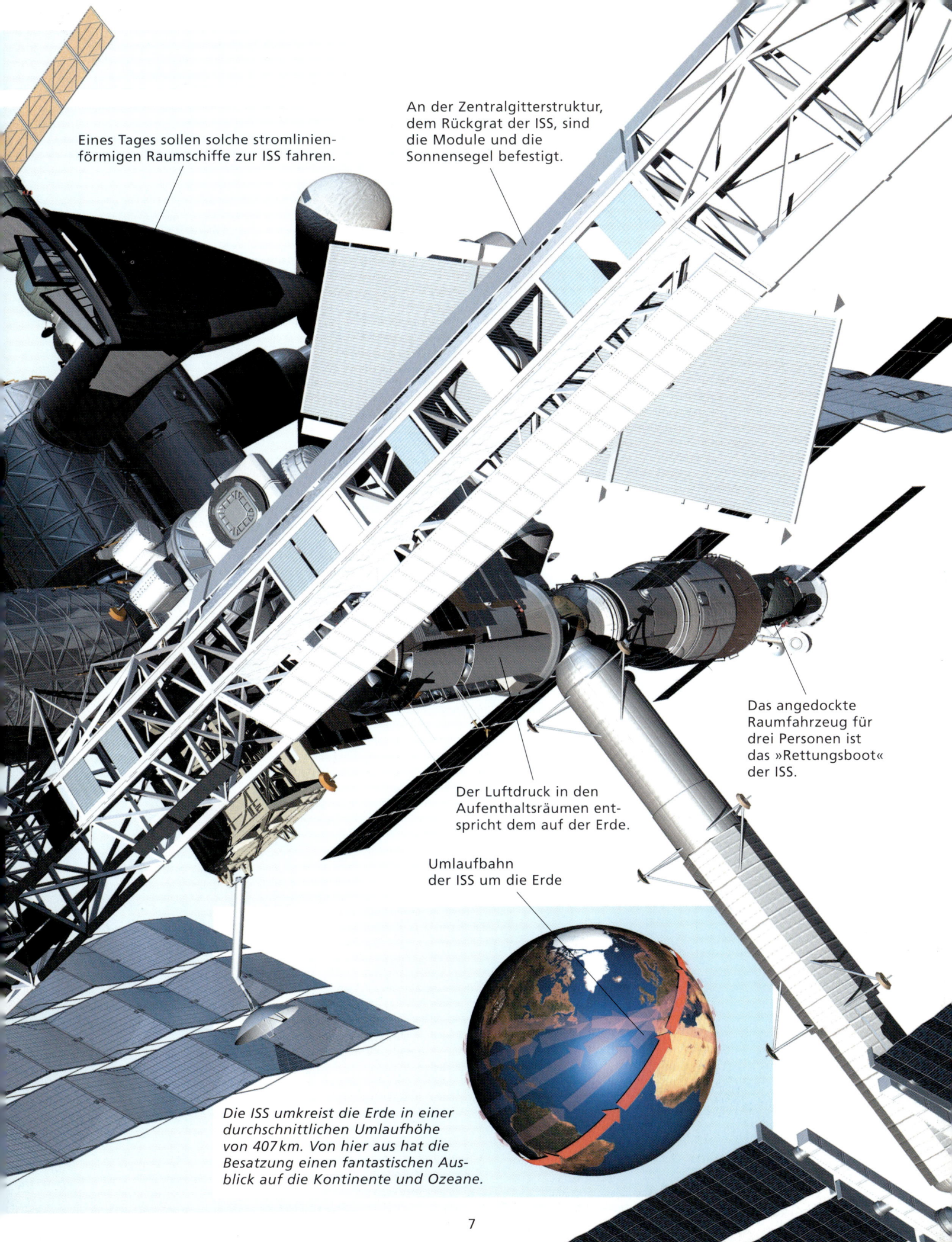

Eines Tages sollen solche stromlinien-
förmigen Raumschiffe zur ISS fahren.

An der Zentralgitterstruktur,
dem Rückgrat der ISS, sind
die Module und die
Sonnensegel befestigt.

Das angedockte
Raumfahrzeug für
drei Personen ist
das »Rettungsboot«
der ISS.

Der Luftdruck in den
Aufenthaltsräumen ent-
spricht dem auf der Erde.

Umlaufbahn
der ISS um die Erde

*Die ISS umkreist die Erde in einer
durchschnittlichen Umlaufhöhe
von 407 km. Von hier aus hat die
Besatzung einen fantastischen Aus-
blick auf die Kontinente und Ozeane.*

DER SPACESHUTTLE

Die amerikanische Raumfähre Spaceshuttle transportiert schwere Lasten zur ISS. Die Besatzungen der Raumfähren arbeiten seit 1998 am Aufbau der Raumstation.

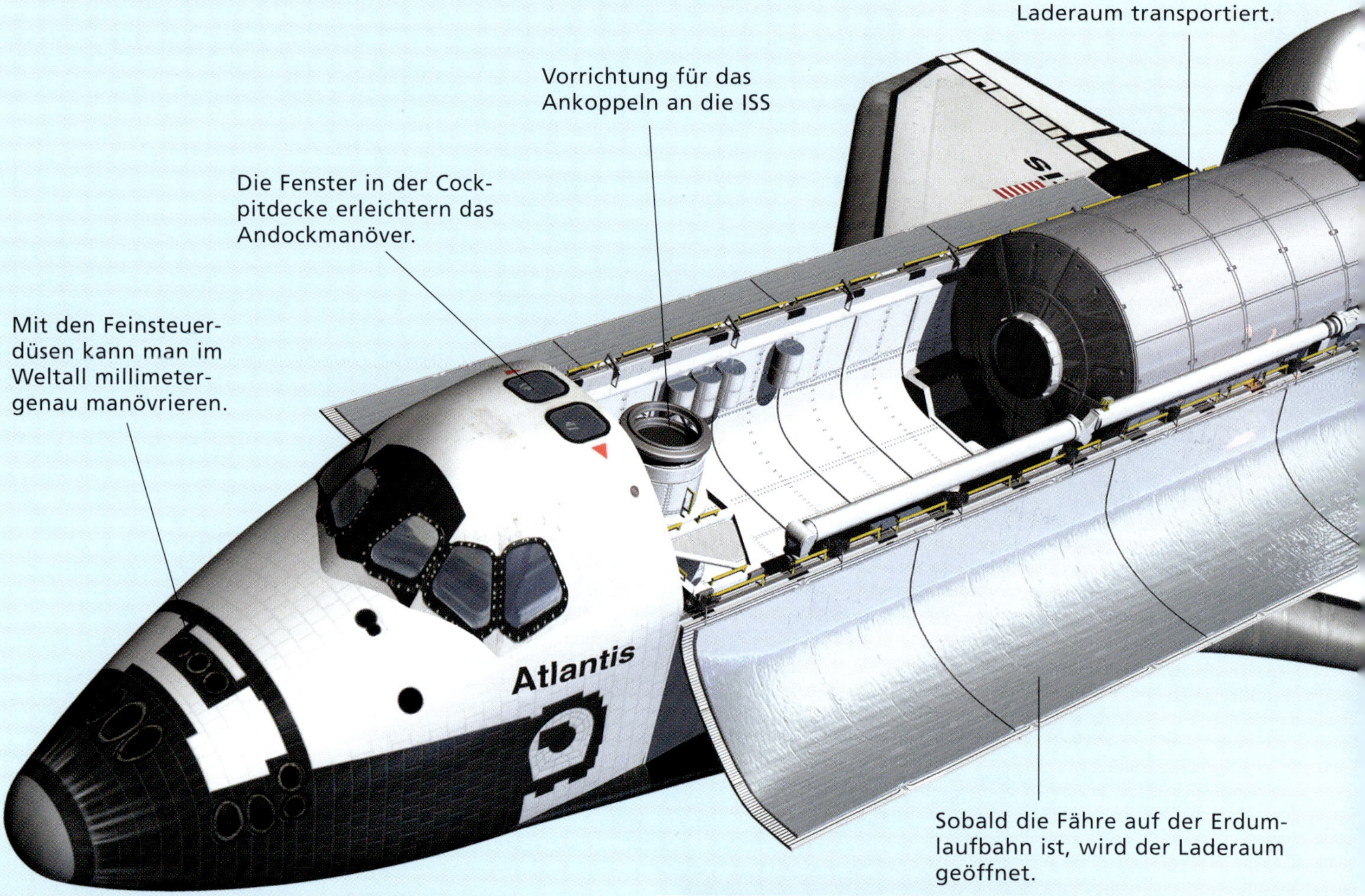

Die ISS-Module werden im Laderaum transportiert.

Vorrichtung für das Ankoppeln an die ISS

Die Fenster in der Cockpitdecke erleichtern das Andockmanöver.

Mit den Feinsteuerdüsen kann man im Weltall millimetergenau manövrieren.

Atlantis

Sobald die Fähre auf der Erdumlaufbahn ist, wird der Laderaum geöffnet.

Der Spaceshuttle befördert Astronauten, Bauteile und Nachschub. Der bemannte Teil der Raumfähre ist der hier gezeigte Orbiter. Beim Start sitzt der Orbiter auf einem großen Außentank mit zwei Feststoffraketen. Wenn der Inhalt des Tanks aufgebraucht ist, wird er mit den Raketen abgestoßen. Nur der Orbiter fährt die ISS an.
Es gibt mehrere Orbiter, die die Raumstation abwechselnd besuchen. Man braucht sie aber auch für andere bemannte Missionen im Weltall, z. B. wenn Satelliten auf ihre Umlaufbahn gebracht oder das Hubble-Weltraumteleskop gewartet werden muss. Der Orbiter ist verhältnismäßig geräumig; er bietet bis zu sieben Astronauten Platz. Außerdem dient er mit seinem 18,3 m langen und 4,6 m breiten Laderaum als eine Art »Weltraum-Truck«.

Der Orbiter nähert sich langsam der ISS. Die Laderaumklappen sind offen, damit das Raumfahrzeug abkühlen kann.

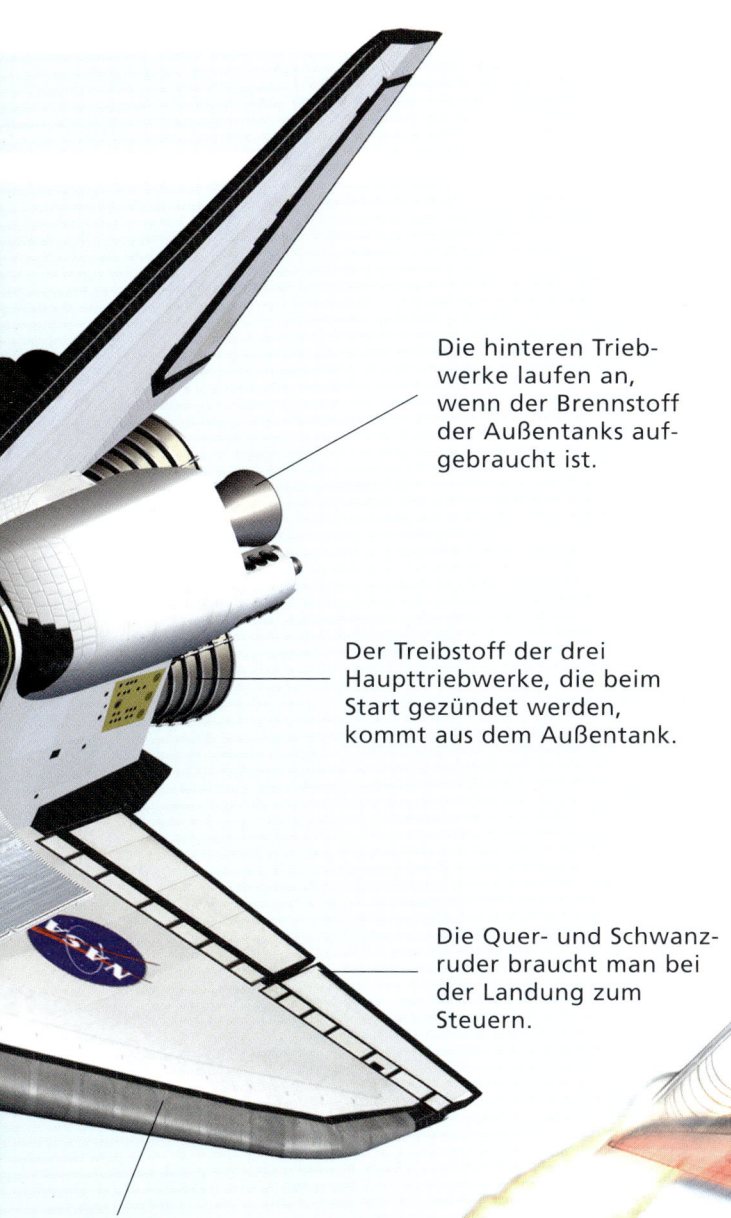

Die hinteren Triebwerke laufen an, wenn der Brennstoff der Außentanks aufgebraucht ist.

Der Treibstoff der drei Haupttriebwerke, die beim Start gezündet werden, kommt aus dem Außentank.

Die Quer- und Schwanzruder braucht man bei der Landung zum Steuern.

Der Orbiter hat einen Hitzeschild.

Ein Orbiter setzt zur Landung an. Meist landen die Raumfähren beim Kennedy-Raumfahrtzentrum in Florida. Das Fahrwerk wird erst wenige Sekunden vor dem Aufsetzen ausgefahren. Ein Bremsschirm verlangsamt die Fahrt auf dem Rollfeld.

Nach beendeter Mission kehren die Orbiter auf die Erde zurück. Auf der Rückfahrt treten sie mit ungefähr 28 000 km/h in die Atmosphäre ein. Dabei entsteht Reibung, die starke Hitze erzeugt: Kuppel und Tragflächen werden zum Teil bis zu 1650 °C heiß.

Der Treibstoff der Feststoffraketen ist 123 Sekunden nach dem Start verbraucht und die Raketen fallen ab. Der Treibstoff für die Haupttriebwerke des Orbiters kommt auf der Fahrt ins All überwiegend aus dem Außentank.

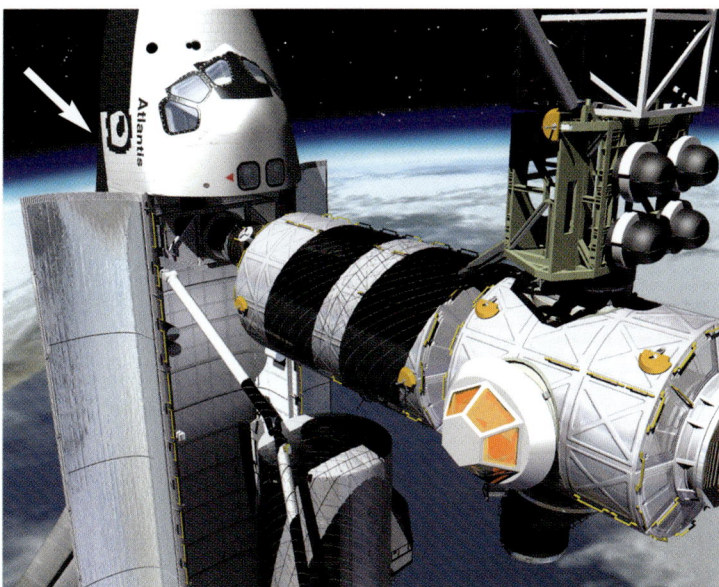

Der Orbiter dockt an der ISS an. Die Tür (Pfeil) wird vor dem Start und nach der Landung benutzt.

Mit den feinen Düsen vorne und hinten lässt sich die Position des Orbiters beim Andockmanöver genau abstimmen.

SOJUS UND PROGRESS

Zwei russische Raumfahrzeugtypen fahren die ISS an: der computergesteuerte Raumfrachter Progress (rechts) und das mit bis zu drei Kosmonauten besetzte Sojus-Raumschiff. Der Sojus wurde über die Jahre immer weiter entwickelt und verbessert. Der erste startete bereits 1967 ins All.

Auch das mittlere Modul, in dem Ladung befördert werden kann, kehrt zur Erde zurück. Hier sind z.B. Filme und Material für wissenschaftliche Experimente untergebracht.

Der hintere Teil des Progress-Raumfrachters ist das Versorgungsmodul. Es trägt den Brennstoff und die Raketentriebwerke für genaue Manöver im All, etwa das Andocken an der ISS.

Mit den paarweise angeordneten Steuerdüsen lassen sich Geschwindigkeit und Neigung des Raumfahrzeugs regulieren.

Ausfahrbare Radioantenne

Die russischen Raumschiffe, die die ISS anfahren, starten auf mächtigen Proton-Raketen vom russischen Raumfahrtzentrum Baikonur in Sibirien.
Die Sojus- und Progress-Raumfahrzeuge sind von der Bauart her ähnlich, erledigen jedoch unterschiedliche Aufgaben. Es gibt drei Hauptmodule. Die Versorgungsmodule sind mit Raketentriebwerken und ausfahrbaren Sonnensegeln für die Energieversorgung im All ausgerüstet. Das vordere Modul enthält die Vorrichtung, mit der man an einer Andockstation der ISS ankoppeln kann. Das Zentralmodul ist beim Progress der Hauptfrachtraum, beim Sojus der Mannschaftsraum. Es kehrt als einziges Modul zur Erde zurück. Sowohl das vordere als auch das hintere Modul verglühen in der Hitze, die entsteht, wenn das Raumfahrzeug mit 8 km/sec in die Erdatmosphäre eintritt. Die russischen Raumfahrzeuge landen nicht wie ein Spaceshuttle, sondern schweben an mehreren Fallschirmen zu Boden.

Um an die ISS anzudocken, muss man millimetergenau manövrieren.

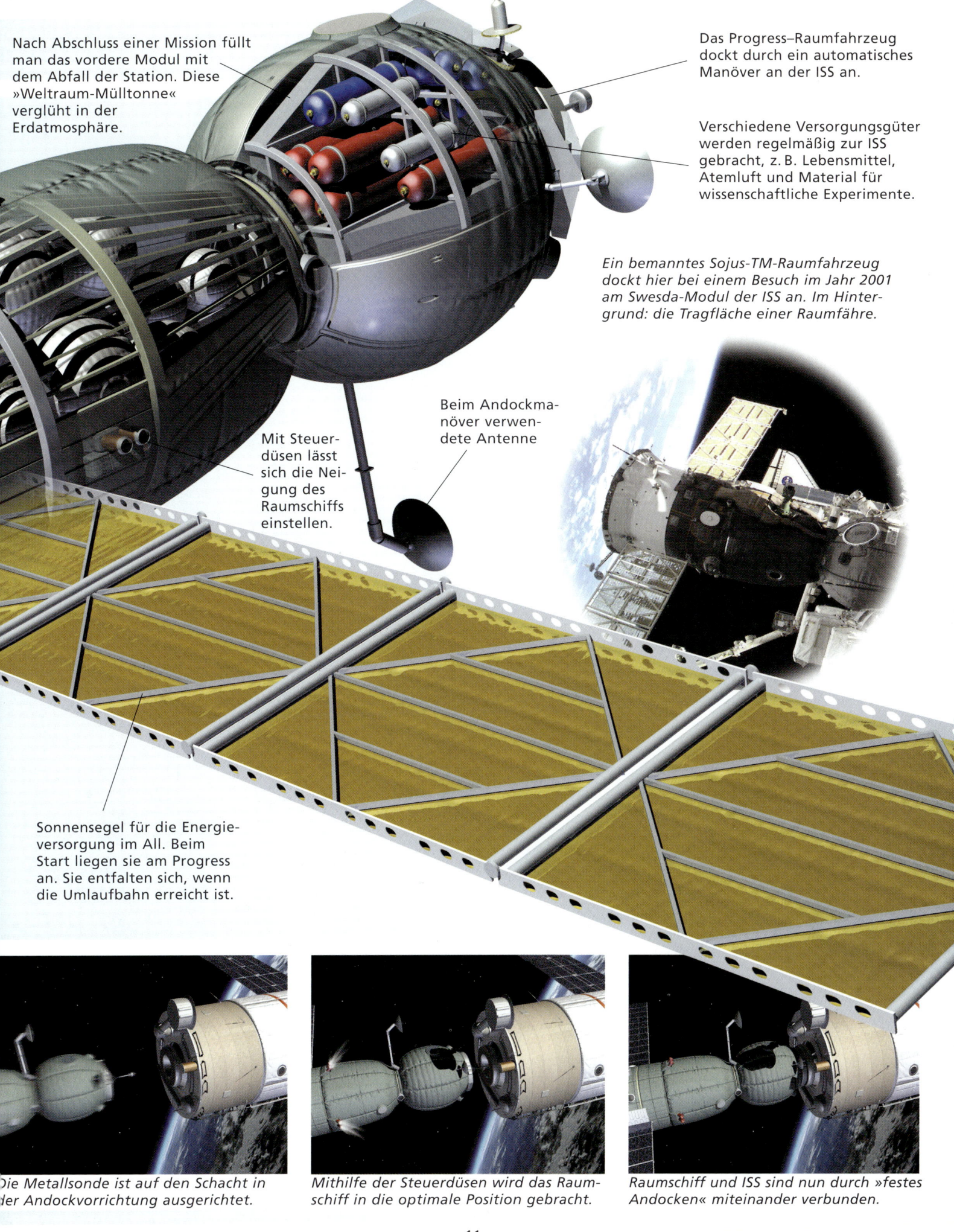

Nach Abschluss einer Mission füllt man das vordere Modul mit dem Abfall der Station. Diese »Weltraum-Mülltonne« verglüht in der Erdatmosphäre.

Das Progress–Raumfahrzeug dockt durch ein automatisches Manöver an der ISS an.

Verschiedene Versorgungsgüter werden regelmäßig zur ISS gebracht, z. B. Lebensmittel, Atemluft und Material für wissenschaftliche Experimente.

Ein bemanntes Sojus-TM-Raumfahrzeug dockt hier bei einem Besuch im Jahr 2001 am Swesda-Modul der ISS an. Im Hintergrund: die Tragfläche einer Raumfähre.

Mit Steuerdüsen lässt sich die Neigung des Raumschiffs einstellen.

Beim Andockmanöver verwendete Antenne

Sonnensegel für die Energieversorgung im All. Beim Start liegen sie am Progress an. Sie entfalten sich, wenn die Umlaufbahn erreicht ist.

Die Metallsonde ist auf den Schacht in der Andockvorrichtung ausgerichtet.

Mithilfe der Steuerdüsen wird das Raumschiff in die optimale Position gebracht.

Raumschiff und ISS sind nun durch »festes Andocken« miteinander verbunden.

DER AUSBAU DER ISS

Der Bau der ISS im All begann 1998 damit, dass das russische Sarja-Modul auf die Erdumlaufbahn gebracht wurde. Die Raumstation wird voraussichtlich 2006 fertig gestellt sein. Dann sind auch die letzten Teile montiert.

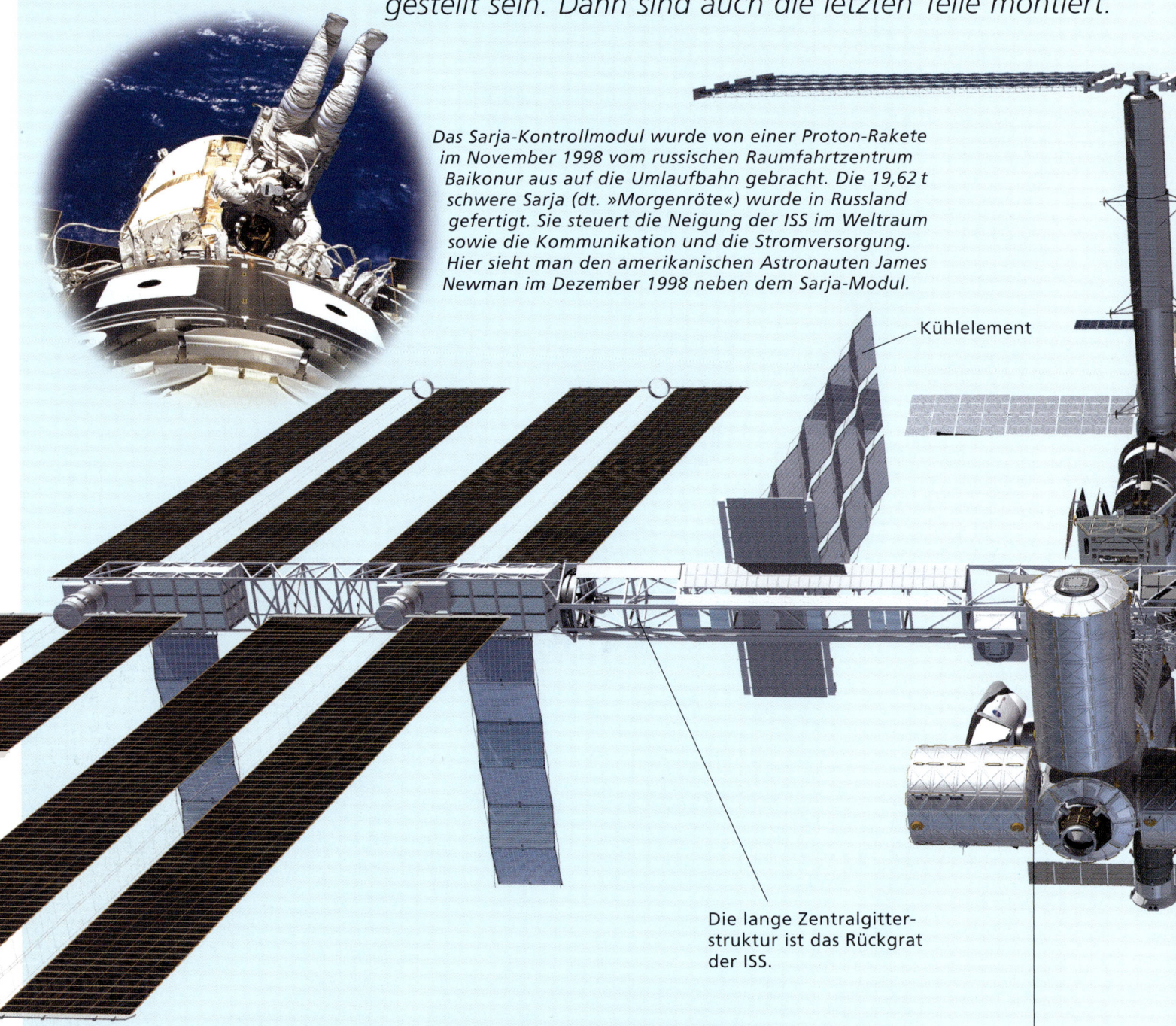

Das Sarja-Kontrollmodul wurde von einer Proton-Rakete im November 1998 vom russischen Raumfahrtzentrum Baikonur aus auf die Umlaufbahn gebracht. Die 19,62 t schwere Sarja (dt. »Morgenröte«) wurde in Russland gefertigt. Sie steuert die Neigung der ISS im Weltraum sowie die Kommunikation und die Stromversorgung. Hier sieht man den amerikanischen Astronauten James Newman im Dezember 1998 neben dem Sarja-Modul.

Kühlelement

Die lange Zentralgitter-
struktur ist das Rückgrat
der ISS.

Damit keine Luft ins
All entweichen kann,
verbinden 16 Koppe-
lungsbolzen die
Module miteinander.

Drei Raumfahrzeugtypen befördern die Bauteile zur ISS: der Spaceshuttle und die russischen Raumschiffe Progress und Sojus. Geplant sind 43 Missionen. Die ISS soll im Jahr 2005 oder 2006 fertig gestellt sein.

Das Rückgrat der Station wird die Zentralgitterstruktur sein. Sie soll aus zehn Elementen bestehen, die miteinander verbunden sind. An der Zentralgitterstruktur verlaufen die Drähte und Kabel, die alle Teile der ISS mit Strom und Informationen versorgen. In der Gitterstruktur sind außerdem Batterien, Kühlelemente, Antennen und andere Ausrüstungsteile untergebracht. Der kanadische Roboterarm mit seinem Mini-Manipulator und der beweglichen Basis bewegt sich auf Schienen.

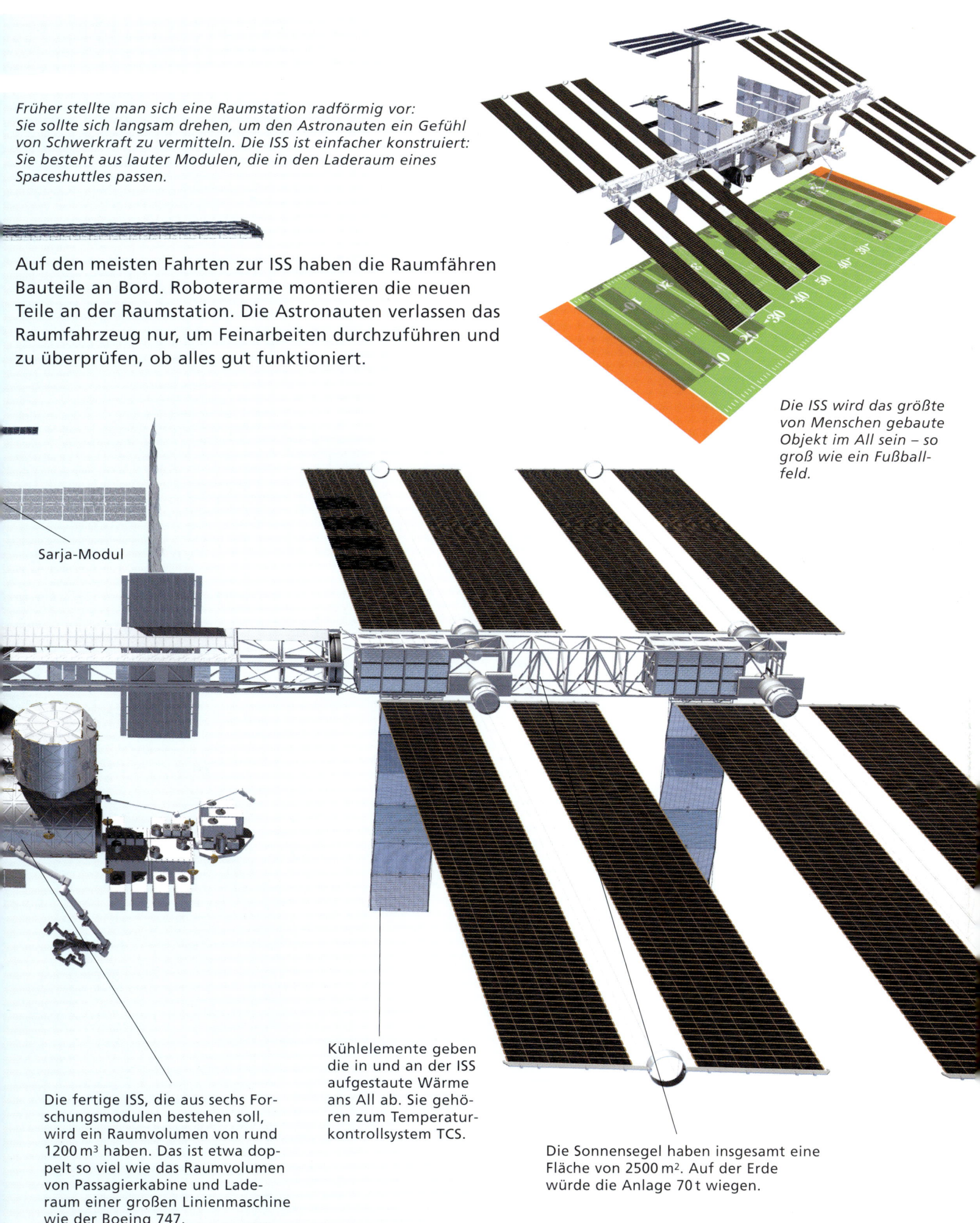

Früher stellte man sich eine Raumstation radförmig vor: Sie sollte sich langsam drehen, um den Astronauten ein Gefühl von Schwerkraft zu vermitteln. Die ISS ist einfacher konstruiert: Sie besteht aus lauter Modulen, die in den Laderaum eines Spaceshuttles passen.

Auf den meisten Fahrten zur ISS haben die Raumfähren Bauteile an Bord. Roboterarme montieren die neuen Teile an der Raumstation. Die Astronauten verlassen das Raumfahrzeug nur, um Feinarbeiten durchzuführen und zu überprüfen, ob alles gut funktioniert.

Die ISS wird das größte von Menschen gebaute Objekt im All sein – so groß wie ein Fußball-feld.

Sarja-Modul

Kühlelemente geben die in und an der ISS aufgestaute Wärme ans All ab. Sie gehören zum Temperatur-kontrollsystem TCS.

Die fertige ISS, die aus sechs Forschungsmodulen bestehen soll, wird ein Raumvolumen von rund 1200 m³ haben. Das ist etwa doppelt so viel wie das Raumvolumen von Passagierkabine und Laderaum einer großen Linienmaschine wie der Boeing 747.

Die Sonnensegel haben insgesamt eine Fläche von 2500 m². Auf der Erde würde die Anlage 70 t wiegen.

13

ENERGIEVERSORGUNG

Die tragflächenähnlich angeordneten Sonnensegel bilden eine Fotovoltaikanlage. Sie liefert die Energie für die zahlreichen Systeme der ISS, indem sie Sonnenenergie in Elektrizität umwandelt.

Die ISS braucht viel Energie. Die Luft- und Wasserversorgungssysteme, die Pumpen und die Beleuchtung, die Computer und viele Gebrauchsgegenstände der Astronauten vom Kochherd bis zum Rasierapparat verbrauchen Strom.
Die Fotovoltaikanlage erzeugt diesen Strom. Die Solarzellen der Sonnensegel bestehen aus Silizium, mit dem Sonnenenergie in Elektrizität umgewandelt wird. Die so gewonnene Energie kann auch in Batterien gespeichert werden. Wenn sich die ISS im Erdschatten befindet, verbraucht sie den Batteriestrom.

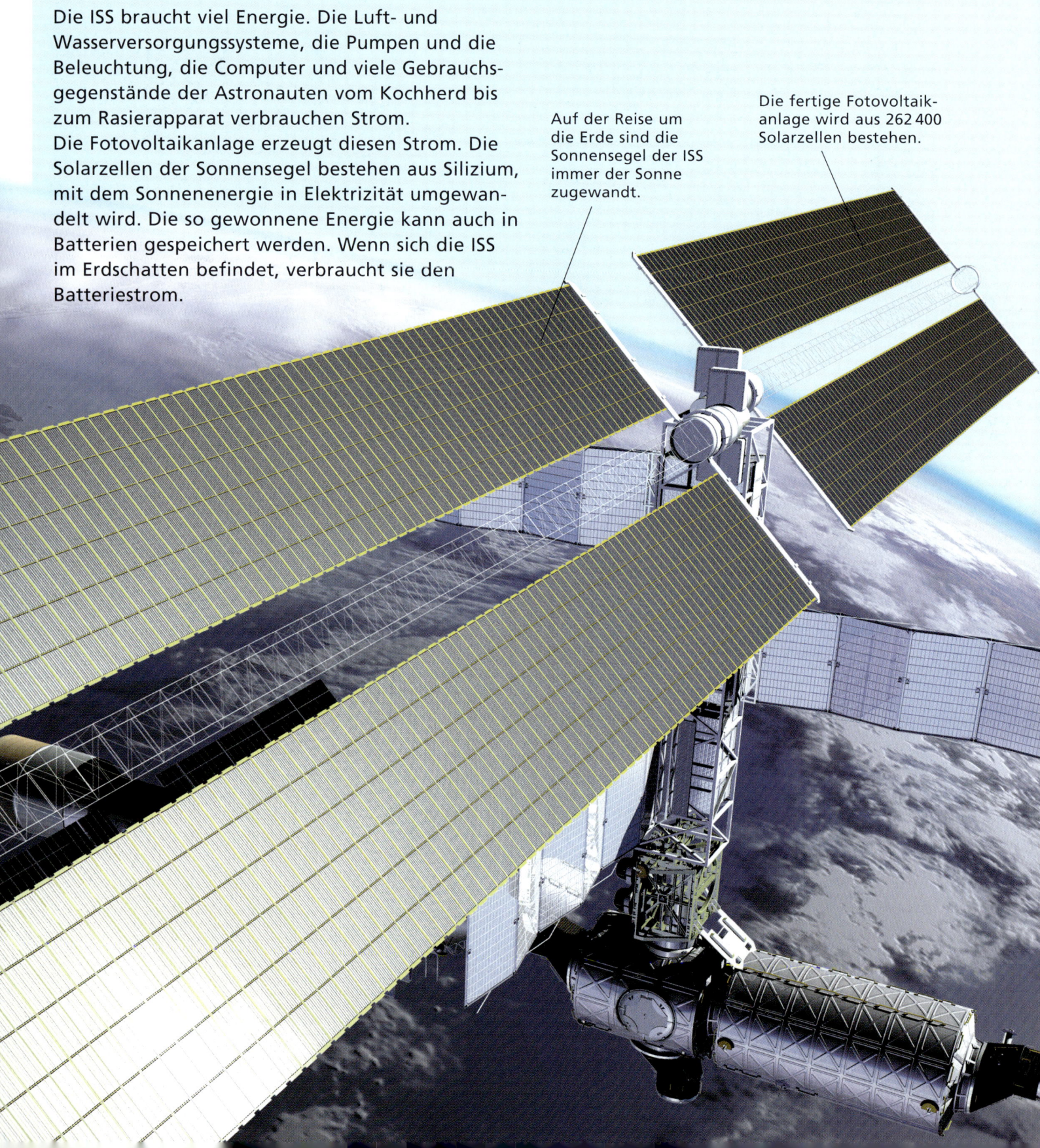

Auf der Reise um die Erde sind die Sonnensegel der ISS immer der Sonne zugewandt.

Die fertige Fotovoltaikanlage wird aus 262 400 Solarzellen bestehen.

Drei Energiesysteme für den Weltraum

In der Raumfähre erzeugen Brennstoffzellen Strom.

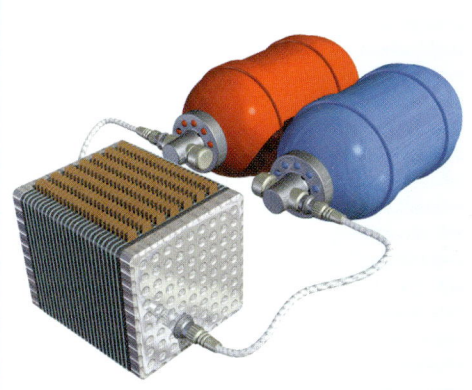

Viele Sonden haben Atomreaktoren an Bord.

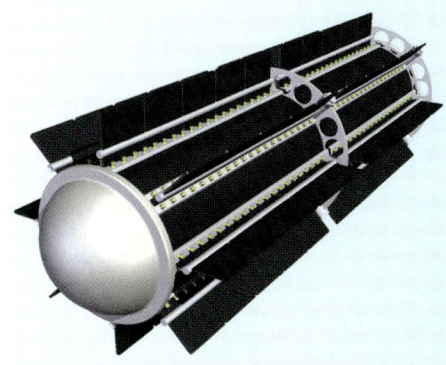

Das Sonnenlicht lädt Batterien auf. Diese muss man alle fünf Jahre auswechseln.

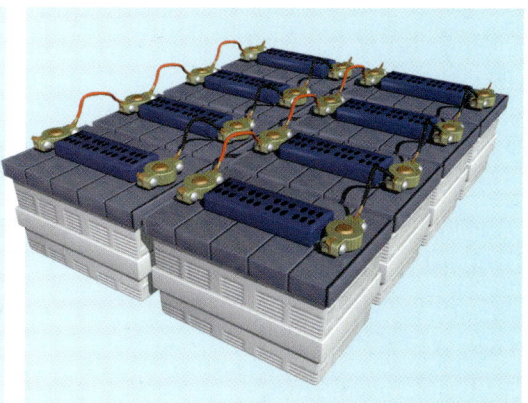

Zweimal pro Erdumlauf wird auf Batterie umgeschaltet – die ISS verbringt auf jeder Umrundung bis zu 36 Minuten im Schatten der Erde. Das Umschalten von einer Energiequelle auf die andere war für die Entwickler des Systems eine komplizierte Aufgabe, denn viele Maschinen brauchen einen beständigen Energiezustrom. Eine Unterbrechung der Versorgung würde auch etliche Experimente stören.

Batterien können sich stark erhitzen. Deshalb geben Kühlelemente die Wärme in den Weltraum ab. Ein weiteres Problem ist das elektrische Feld rund um die Sonnensegel. Ohne eine spezielle Isolierungsvorrichtung bekämen die Astronauten bei Außenarbeiten einen Stromschlag.

Solarzellen-Module

Der Blick von oben auf ein Modell der ISS zeigt die gesamte Fotovoltaikanlage.

Kleinere Module

Jedes Solarzellen-Modul ist 34 m lang.

DER ROBOTERARM

Die ISS hat einen Roboterarm, den so genannten Canadarm. Das ist eine längere Version des auf den Spaceshuttles verwendeten kanadischen Arms. Er wurde 2001 auf der ISS installiert.

Canadarm 2 erreichte die ISS im Laderaum der Raumfähre Endeavour. Ein dreiköpfiges Team, von denen zwei – Chris Hadfield und Scott Parazynski – im Weltraum arbeiteten, montierte ihn an der Station. Die Bezeichnung »Roboterarm« stimmt nicht ganz, denn der Kran wird von Menschen an Bord der ISS fernbedient.

Canadarm 2 ist dank mehrerer Gelenke sehr beweglich und erledigt viele Arbeiten, die sonst von Astronauten ausgeführt werden müssten. Indem er ihnen viele »Weltraumspaziergänge« erspart, trägt er zur Sicherheit der Astronauten bei.

Auf der Erde wiegt der vollständige Arm 1642 kg. Er ist insgesamt 17,6 m lang. Seine Entwicklung kostete 600 Millionen Dollar.

Mit seinen Drehgelenken ist der Arm vielseitig einsetzbar.

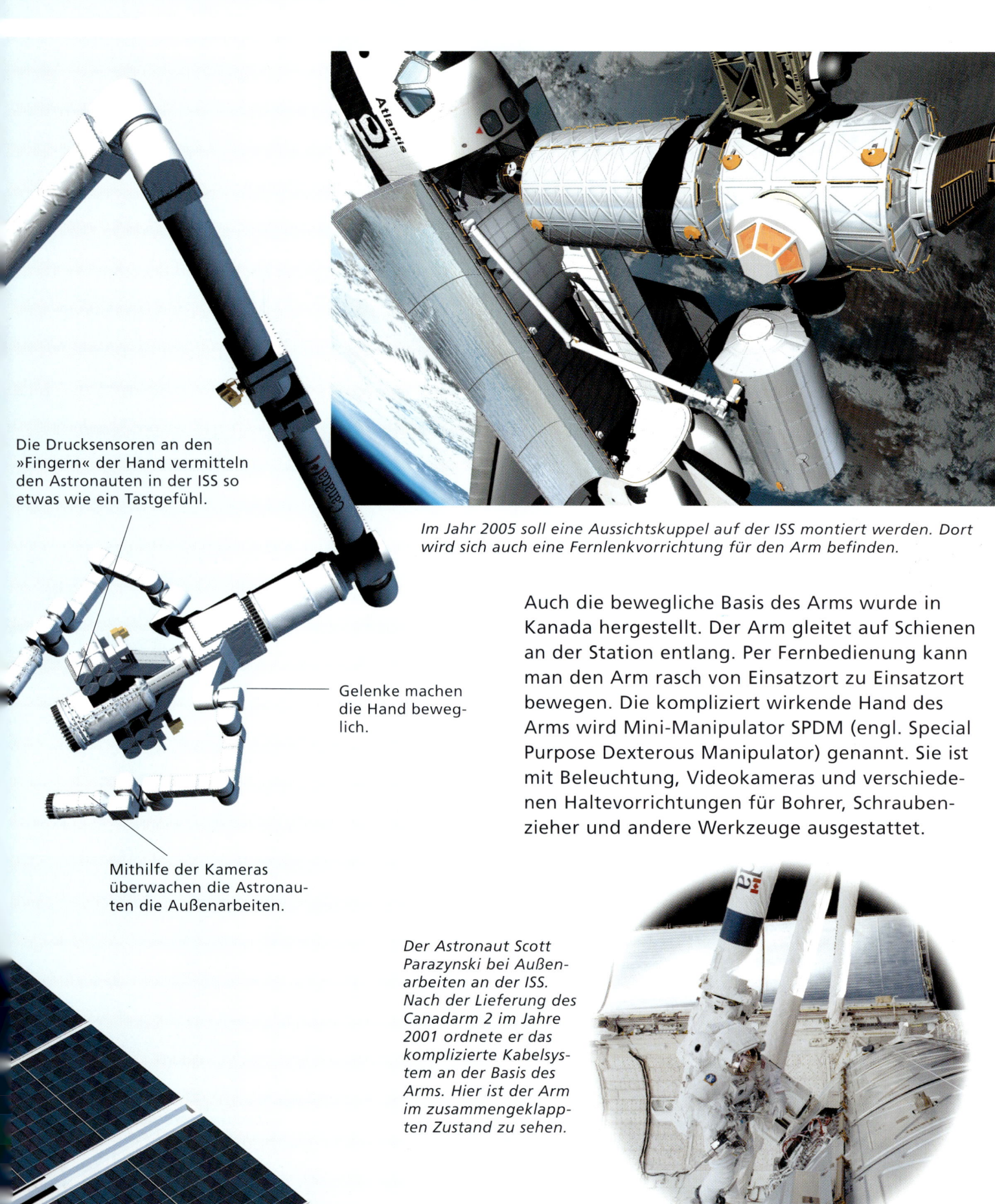

Die Drucksensoren an den »Fingern« der Hand vermitteln den Astronauten in der ISS so etwas wie ein Tastgefühl.

Gelenke machen die Hand beweglich.

Mithilfe der Kameras überwachen die Astronauten die Außenarbeiten.

Im Jahr 2005 soll eine Aussichtskuppel auf der ISS montiert werden. Dort wird sich auch eine Fernlenkvorrichtung für den Arm befinden.

Auch die bewegliche Basis des Arms wurde in Kanada hergestellt. Der Arm gleitet auf Schienen an der Station entlang. Per Fernbedienung kann man den Arm rasch von Einsatzort zu Einsatzort bewegen. Die kompliziert wirkende Hand des Arms wird Mini-Manipulator SPDM (engl. Special Purpose Dexterous Manipulator) genannt. Sie ist mit Beleuchtung, Videokameras und verschiedenen Haltevorrichtungen für Bohrer, Schraubenzieher und andere Werkzeuge ausgestattet.

Der Astronaut Scott Parazynski bei Außenarbeiten an der ISS. Nach der Lieferung des Canadarm 2 im Jahre 2001 ordnete er das komplizierte Kabelsystem an der Basis des Arms. Hier ist der Arm im zusammengeklappten Zustand zu sehen.

DIE ISS: EIN GEMEIN SCHAFTSWERK

Die Internationale Raumstation ist das Gemeinschaftswerk Tausender von Menschen aus aller Welt – aus den USA, Russland, Kanada, Japan, Brasilien und den Mitgliederstaaten der Europäischen Weltraumagentur ESA.

Das Megaprojekt ISS ist auch megateuer. Allein das Budget der USA belief sich im Jahre 2002 auf über zwei Milliarden Dollar. Alles in allem wird die ISS über 30 Milliarden Dollar kosten. Verglichen mit den Summen, die wir täglich ausgeben, wirken diese Zahlen allerdings nicht mehr so beeindruckend. So verwenden z. B. die Amerikaner pro Jahr 31 Milliarden Dollar für Linienflüge, 66 Milliarden Dollar für Tabakwaren und nahezu 100 Milliarden Dollar für neue Autos!

Die Kosten für die ISS lassen sich leichter tragen, wenn sie sich auf mehrere Staaten verteilen. Die Russen beteiligen sich am Bau der ISS und beliefern sie regelmäßig mit Nachschub. Ihr dreisitziges Sojus-Raumfahrzeug ist als »Weltraum-Rettungsboot« ständig an der Station angedockt. In Europa sind sieben Mitgliedsstaaten der Weltraumagentur ESA (engl. European Space Agengy) am Bau der ISS beteiligt. Forscherteams entwickeln Hardware für die ISS, und europäische Astronauten warten gespannt auf ihren Einsatz.

Die russischen Raumfahrzeuge fahren mit internationalen Mannschaften. Im Jahr 2001 besuchte Claudie Haigneré aus Frankreich als erste Frau die ISS.

Die ISS war eigentlich nicht als Weltraumhotel gedacht. Deshalb waren viele amerikanische Verantwortliche alles andere als begeistert, als Russland im April 2001 den amerikanischen Multimillionär Dennis Tito mit zur ISS nahm.

Das russische Sarja-Modul startete 1998 auf einer Proton-Rakete vom Raumfahrtzentrum Baikonur aus ins All. Die Sarja befand sich im dunkel lackierten oberen Teil der Rakete.

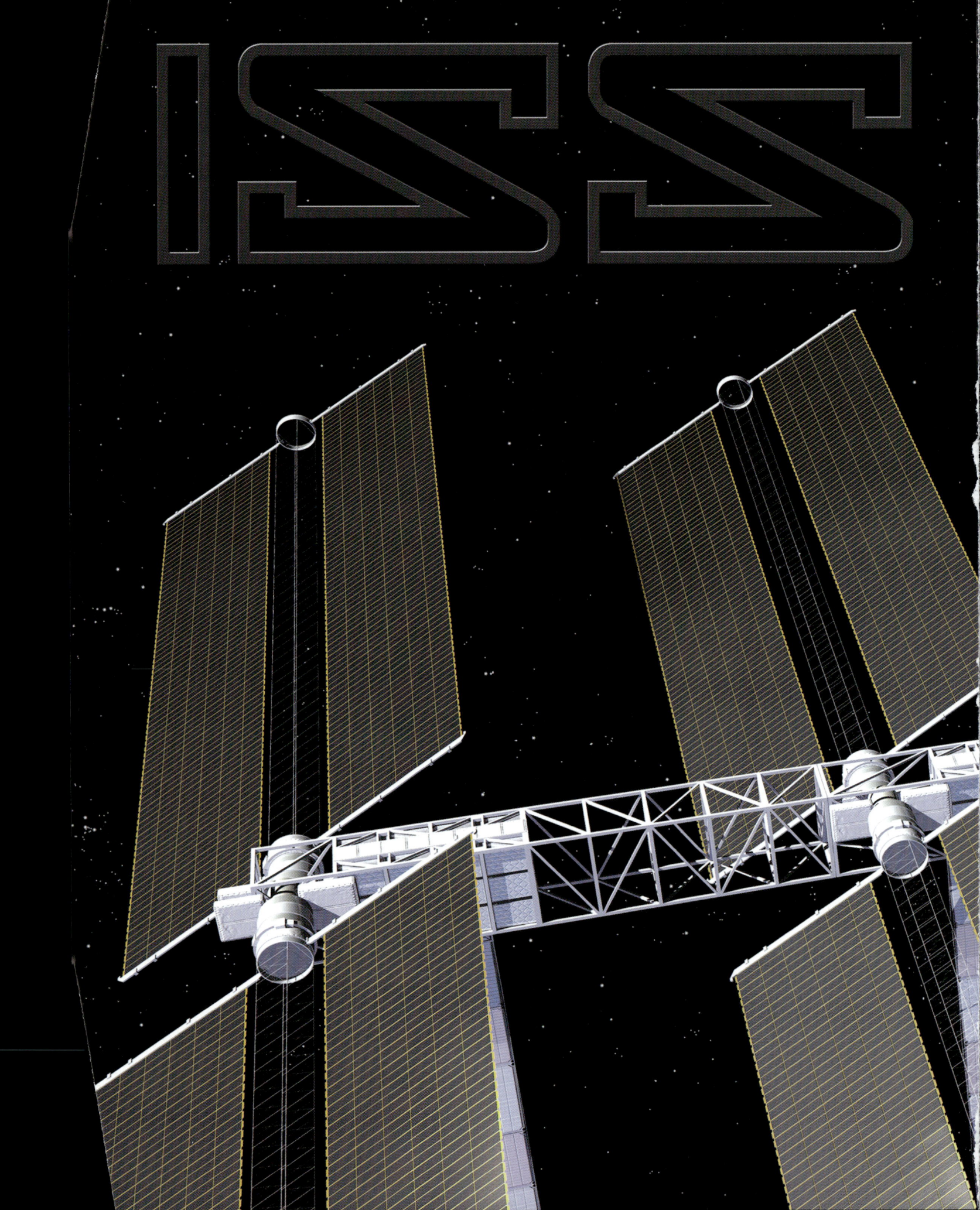

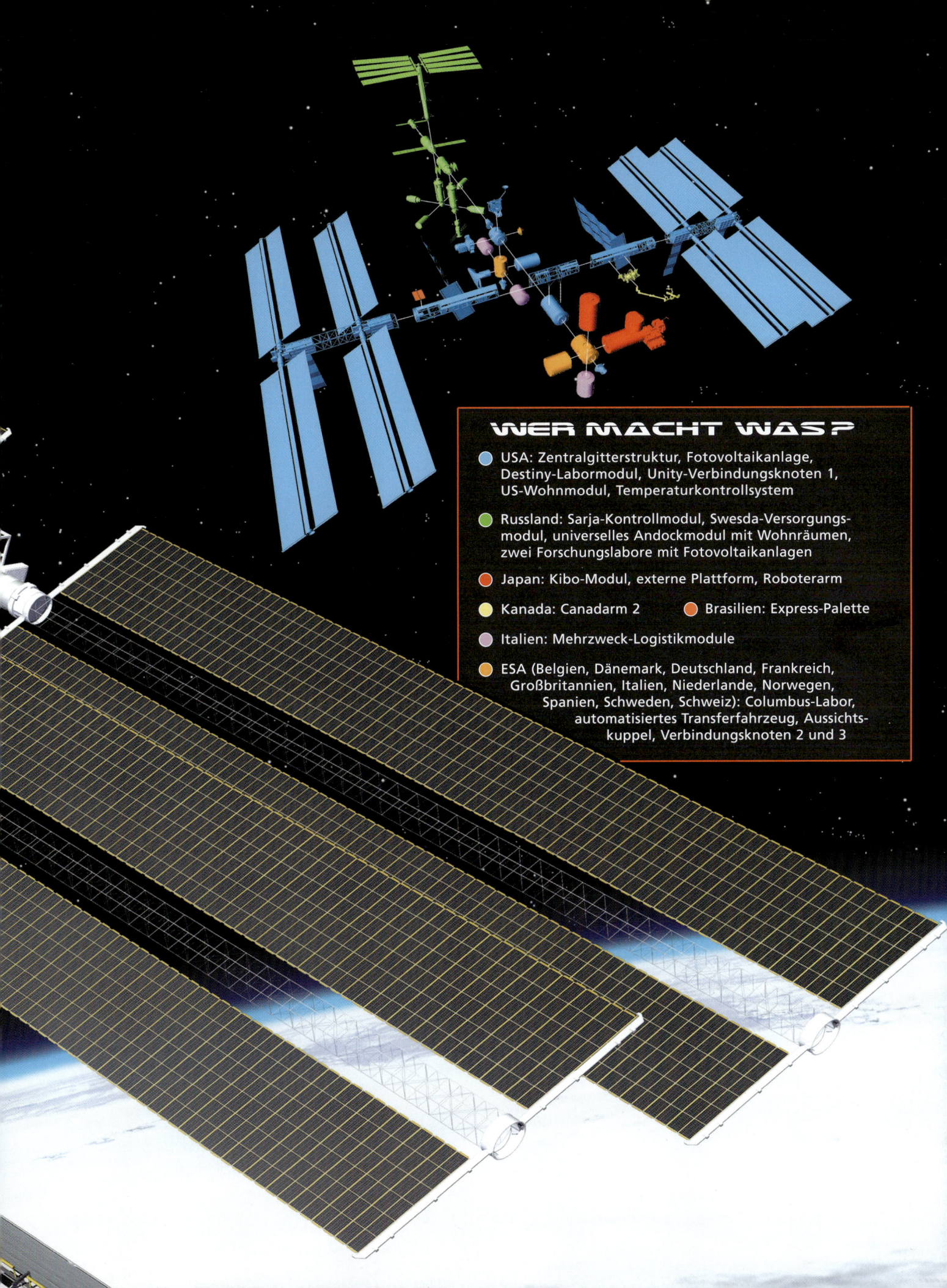

WER MACHT WAS?

- **USA:** Zentralgitterstruktur, Fotovoltaikanlage, Destiny-Labormodul, Unity-Verbindungsknoten 1, US-Wohnmodul, Temperaturkontrollsystem

- **Russland:** Sarja-Kontrollmodul, Swesda-Versorgungsmodul, universelles Andockmodul mit Wohnräumen, zwei Forschungslabore mit Fotovoltaikanlagen

- **Japan:** Kibo-Modul, externe Plattform, Roboterarm

- **Kanada:** Canadarm 2   **Brasilien:** Express-Palette

- **Italien:** Mehrzweck-Logistikmodule

- **ESA (Belgien, Dänemark, Deutschland, Frankreich, Großbritannien, Italien, Niederlande, Norwegen, Spanien, Schweden, Schweiz):** Columbus-Labor, automatisiertes Transferfahrzeug, Aussichtskuppel, Verbindungsknoten 2 und 3

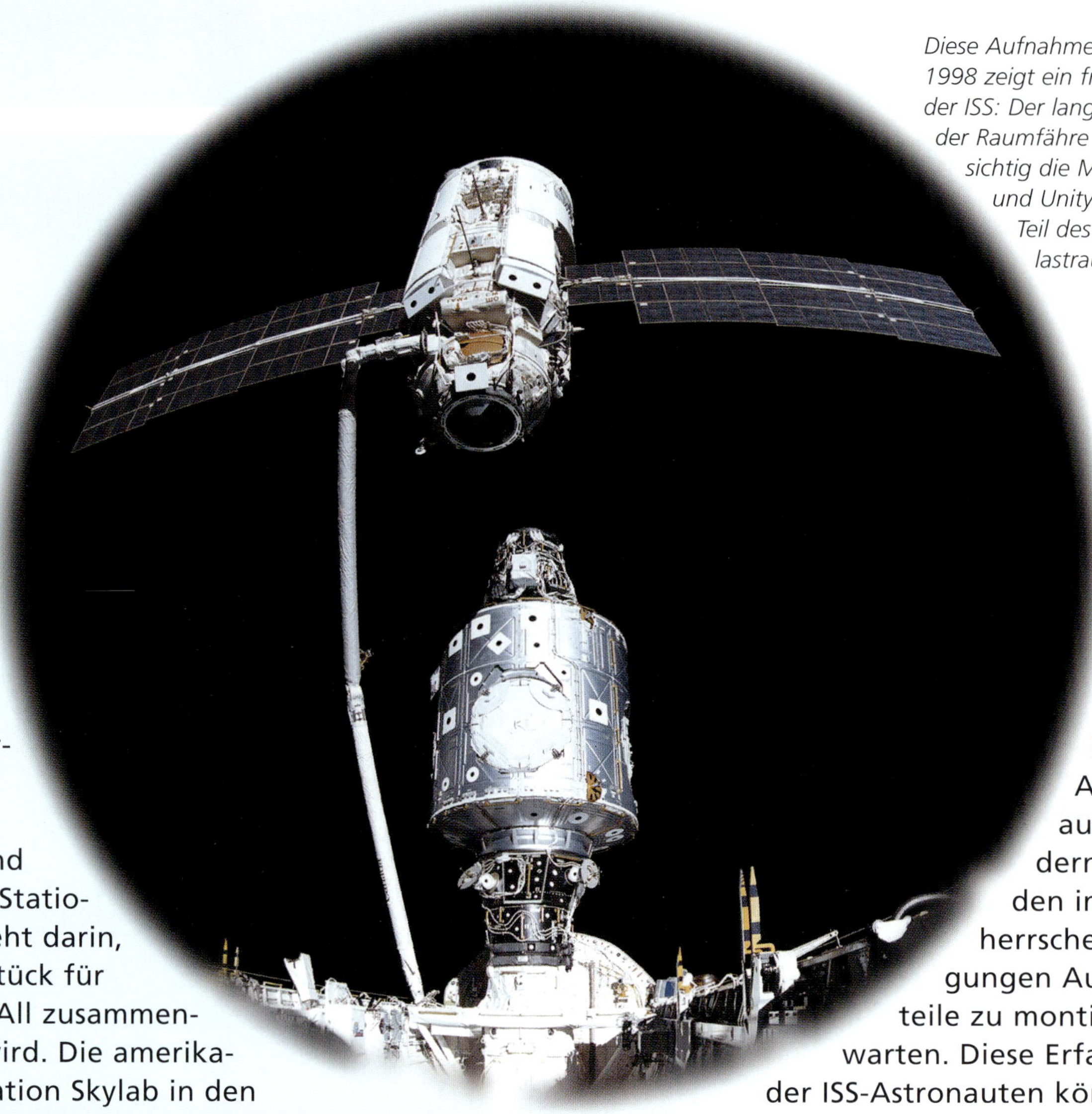

Diese Aufnahme aus dem Jahr 1998 zeigt ein frühes Stadium der ISS: Der lange Roboterarm der Raumfähre verbindet vorsichtig die Module Sarja und Unity. Unten ist ein Teil des Orbiter-Nutzlastraums zu sehen.

Ein großer Unterschied zwischen der ISS und früheren Stationen besteht darin, dass sie Stück für Stück im All zusammengesetzt wird. Die amerikanische Station Skylab in den 1970er-Jahren war noch ein großer Raketentreibstofftank, der, als der Treibstoff aufgebraucht war, rasch in eine Unterkunft umgewandelt wurde. Anders bei der ISS. Die Montage der Einzelteile dauert viele Jahre und macht zahlreiche Flüge amerikanischer und russischer Raumfahrzeuge erforderlich. Doch am Ende wird die Raumstation größer, vielseitiger und langlebiger sein als jede vor ihr. Bei Außenarbeiten können Astronauten aus vielen Ländern üben, unter den im Weltall herrschenden Bedingungen Ausrüstungsteile zu montieren und zu warten. Diese Erfahrungen der ISS-Astronauten könnten später nützlich werden, wenn Unternehmen Fabriken im All bauen. Eines Tages könnten außerdem Raumfahrten stattfinden, die weiter führen als auf die Erdumlaufbahn. Bereits 2010 wird es vielleicht wieder Mondmissionen oder sogar eine Fahrt zum Mars geben. Die Astronauten der ISS werden dann ihre Erfahrungen mit den Arbeitsbedingungen im Weltall weitergeben können.

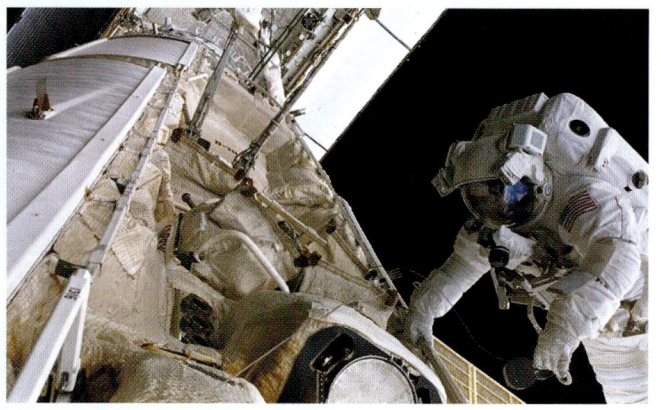

Viele Konstruktionsarbeiten an der ISS werden im All ausgeführt. Hier prüft Astronaut James Newman Installationen des Moduls. Scheinwerfer zu beiden Seiten seines Helms leuchten ihm, wenn die ISS in den Erdschatten kommt.

DAS DESTINY-LABORMODUL

Das Destiny-Labor ist das für die US-amerikanische Forschung wichtigste Modul der ISS. Es wurde vom Spaceshuttle Atlantis 2001 in den Weltraum gebracht und soll der Forschung mindestens zehn Jahre lang wichtige Informationen liefern.

Das Destiny–Modul sitzt hier am äußeren Ende der ISS.

Das Modul ist 4,3 m breit.

Das Waffelmuster verstärkt die Aluminium-Außenhaut, ohne dass sie erheblich schwerer wird.

Ausstiegsluke für die Astronauten

Das 8,5 m lange Destiny-Modul sieht aus wie eine große Aluminiumdose. Innen ist Platz für 24 Nutzlastschränke, von denen 13 für Experimente, die übrigen für Energie-, Kühl- und Lebenserhaltungssysteme gedacht sind.

Das 14,5 t schwere Labor verfügt außerdem über das beste Fenster ins Weltall: WORF (engl. Window Observational Research Facility) ist aus hochwertigem Kristallglas und hat einen Durchmesser von 50,8 cm. Ein normales doppelt verglastes Fenster besteht aus zwei 2,5 mm dicken Scheiben. WORF ist aus vier 13 bis 32 mm dicken Scheiben zusammengesetzt. Wenn es nicht gebraucht wird, kann man es mit einer Metallklappe verschließen.

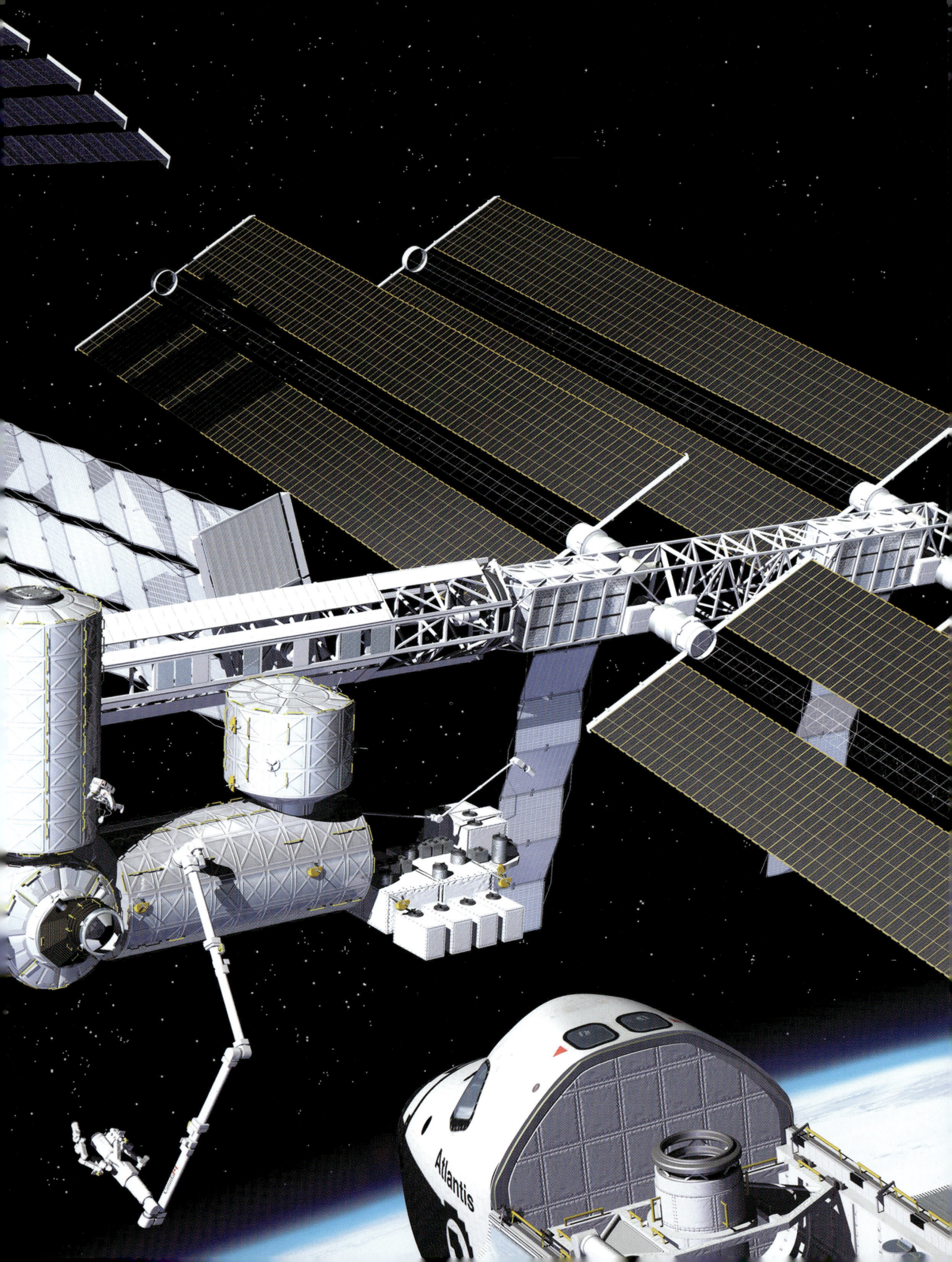

Diese Fotos zeigen, wie die Besatzung der ISS aus einer durchschnittlichen Höhe von 350 km unseren Planeten sieht. Durch das hochwertige Glas des WORF kann eine gute Kamera Bilder machen, auf denen winzigste Details der Erdoberfläche sichtbar sind.

Die erste von der ISS gemachte Aufnahme zeigte ein Gewitter.

Auf diesem Foto sind die Pyramiden von Giseh (Pfeile) in Ägypten zu sehen.

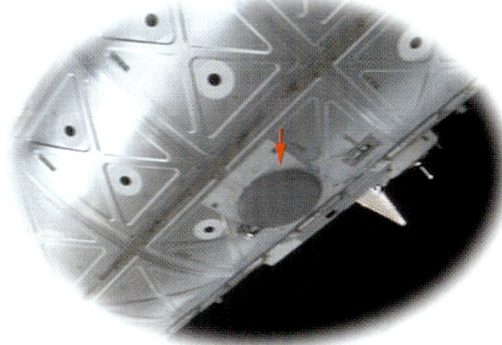

Diese von außen gemachte Video-standaufnahme zeigt Destiny von unten. Der rote Pfeil weist auf WORF.

Wenn WORF nicht gebraucht wird, schützt eine Metallklappe das Fenster vor Beschädigung.

Die Astronauten können die Erosion der Flusstäler in den südamerikanischen Anden sehen.

Der russische Kosmonaut Sergej Krikalew schaut durch das fertige WORF, bevor er mit seiner Kamera Aufnahmen macht.

COLUMBUS UND JULES VERNE

Das Columbus-Labormodul, Europas größter Beitrag zur ISS, soll 2004 mit einer Raumfähre zur ISS gebracht werden. Das automatische Transferfahrzeug (ATV) Jules Verne, ein computergesteuerter Frachter, soll 2005 ins All gelangen.

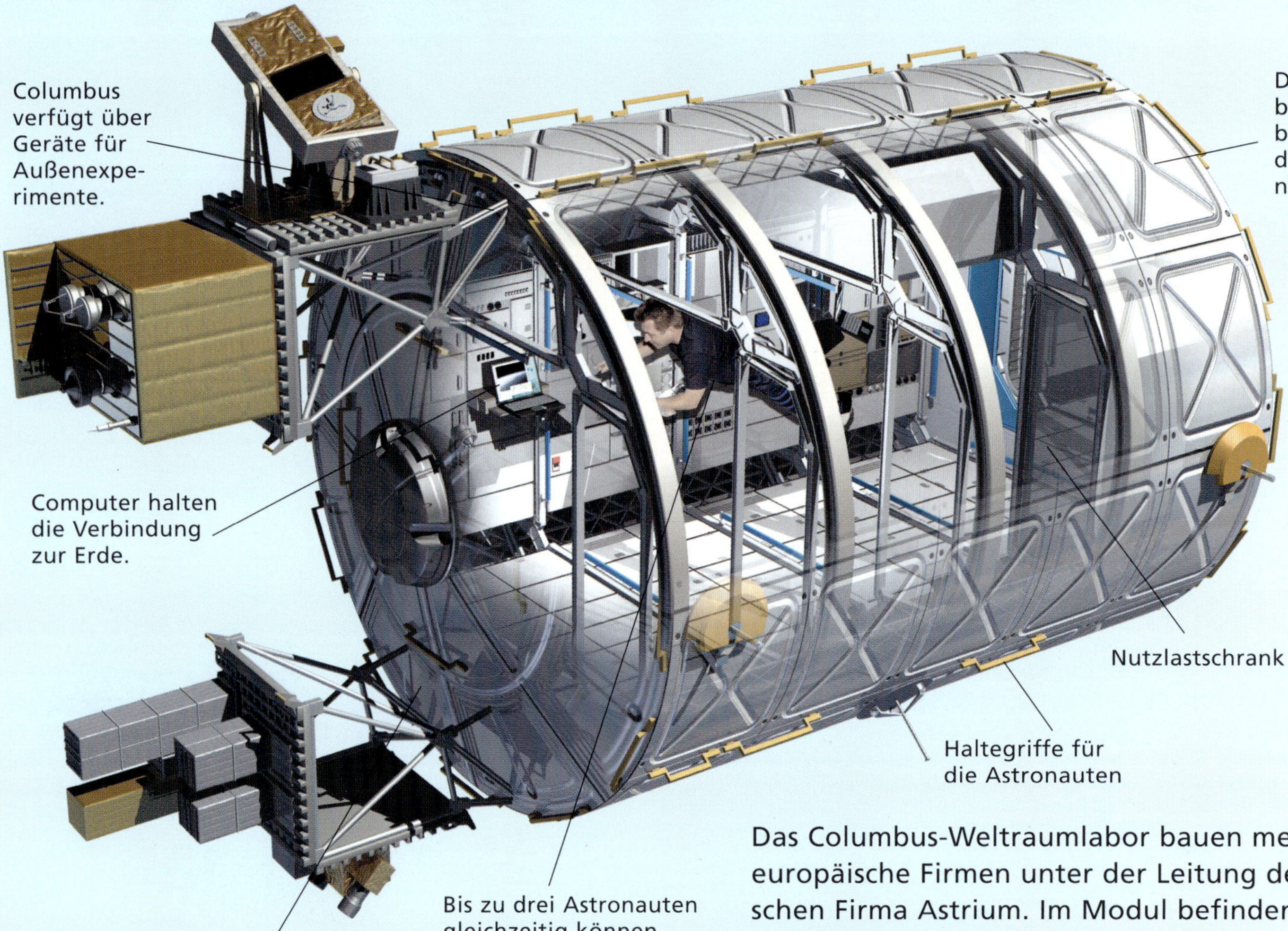

Columbus verfügt über Geräte für Außenexperimente.

Das Modul besteht aus bis zu 6,5 mm dickem Aluminium.

Computer halten die Verbindung zur Erde.

Nutzlastschrank

Haltegriffe für die Astronauten

Bis zu drei Astronauten gleichzeitig können im Columbus-Labor arbeiten.

Das Columbus-Modul ist 6,86 m lang und hat einen Durchmesser von 4,15 m.

Das Columbus-Weltraumlabor bauen mehrere europäische Firmen unter der Leitung der deutschen Firma Astrium. Im Modul befinden sich zehn Nutzlastschränke in Standardgröße. Sie werden Hightechgeräte aufnehmen, die u.a. über Video und Computer Verbindung zu Wissenschaftlern auf der Erde halten. Für die zehn Jahre, die Columbus im All bleiben soll, sind Tausende von Experimenten geplant.

 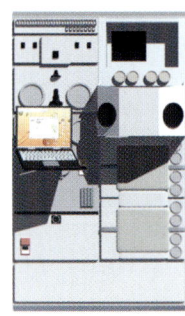 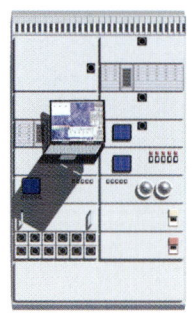 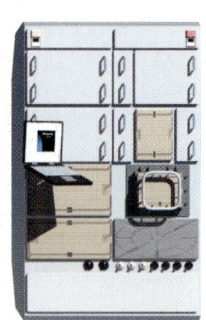

Columbus bietet Platz für zehn Einbau-Nutzlastschränke. Die darin untergebrachten Geräte sollen überwiegend automatisch oder ferngesteuert von der Erde arbeiten. Die Astronauten der ISS können eingreifen oder Störungen beseitigen. Informationen über die Experimente sollen in den kommenden Jahren über eine Datenbank der ESA veröffentlicht werden.

Die ersten vier Schränke sind für Experimente in den Bereichen Biologie, Physiologie, Flüssigkeiten und Materialien gedacht.

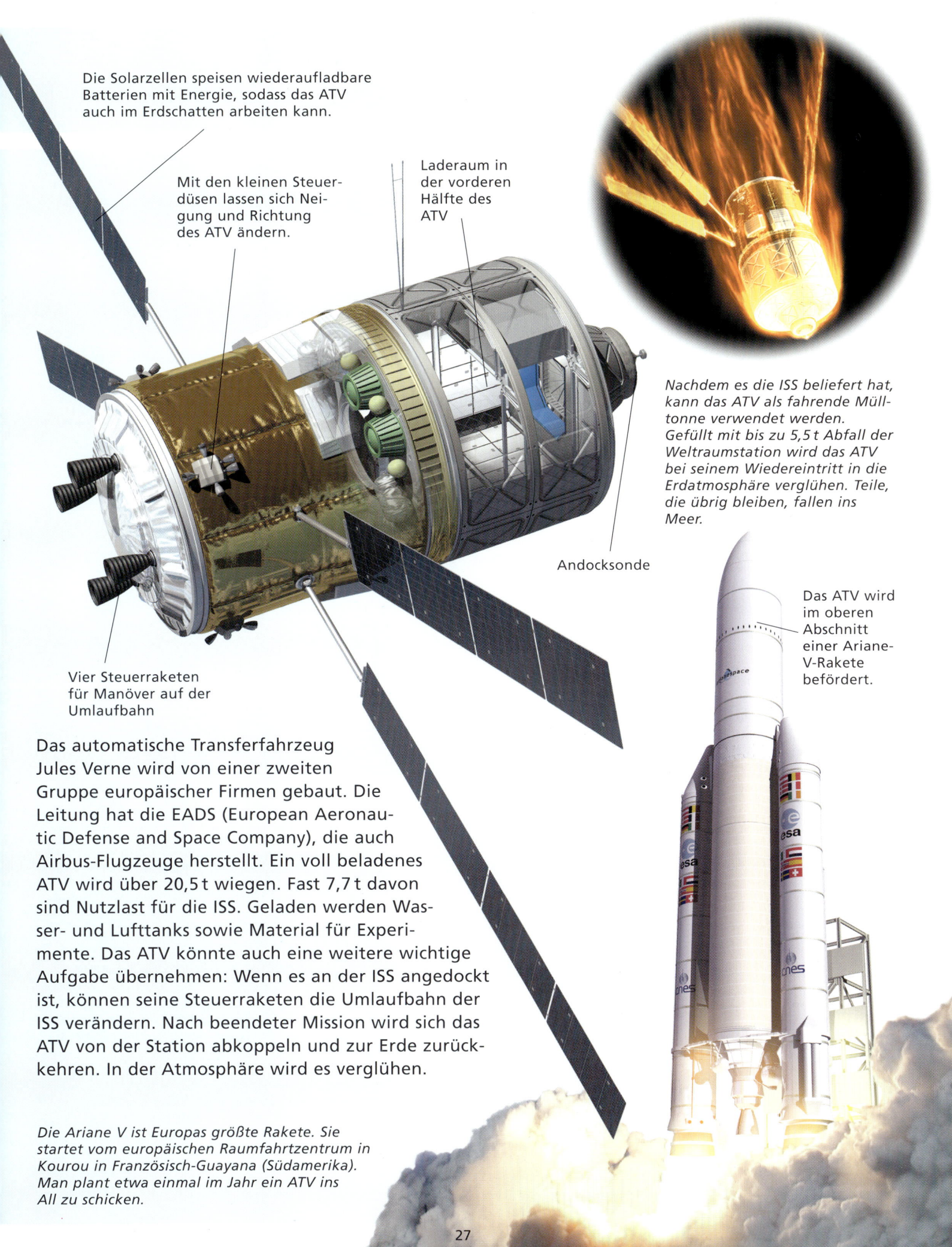

Die Solarzellen speisen wiederaufladbare Batterien mit Energie, sodass das ATV auch im Erdschatten arbeiten kann.

Mit den kleinen Steuerdüsen lassen sich Neigung und Richtung des ATV ändern.

Laderaum in der vorderen Hälfte des ATV

Vier Steuerraketen für Manöver auf der Umlaufbahn

Andocksonde

Nachdem es die ISS beliefert hat, kann das ATV als fahrende Mülltonne verwendet werden. Gefüllt mit bis zu 5,5 t Abfall der Weltraumstation wird das ATV bei seinem Wiedereintritt in die Erdatmosphäre verglühen. Teile, die übrig bleiben, fallen ins Meer.

Das ATV wird im oberen Abschnitt einer Ariane-V-Rakete befördert.

Das automatische Transferfahrzeug Jules Verne wird von einer zweiten Gruppe europäischer Firmen gebaut. Die Leitung hat die EADS (European Aeronautic Defense and Space Company), die auch Airbus-Flugzeuge herstellt. Ein voll beladenes ATV wird über 20,5 t wiegen. Fast 7,7 t davon sind Nutzlast für die ISS. Geladen werden Wasser- und Lufttanks sowie Material für Experimente. Das ATV könnte auch eine weitere wichtige Aufgabe übernehmen: Wenn es an der ISS angedockt ist, können seine Steuerraketen die Umlaufbahn der ISS verändern. Nach beendeter Mission wird sich das ATV von der Station abkoppeln und zur Erde zurückkehren. In der Atmosphäre wird es verglühen.

Die Ariane V ist Europas größte Rakete. Sie startet vom europäischen Raumfahrtzentrum in Kourou in Französisch-Guayana (Südamerika). Man plant etwa einmal im Jahr ein ATV ins All zu schicken.

WEITERE TEILE AUS EUROPA

Dutzende von Firmen in ganz Europa entwickeln Geräte für die ISS.
Die Europäische Raumfahrtagentur ESA koordiniert die Arbeit.

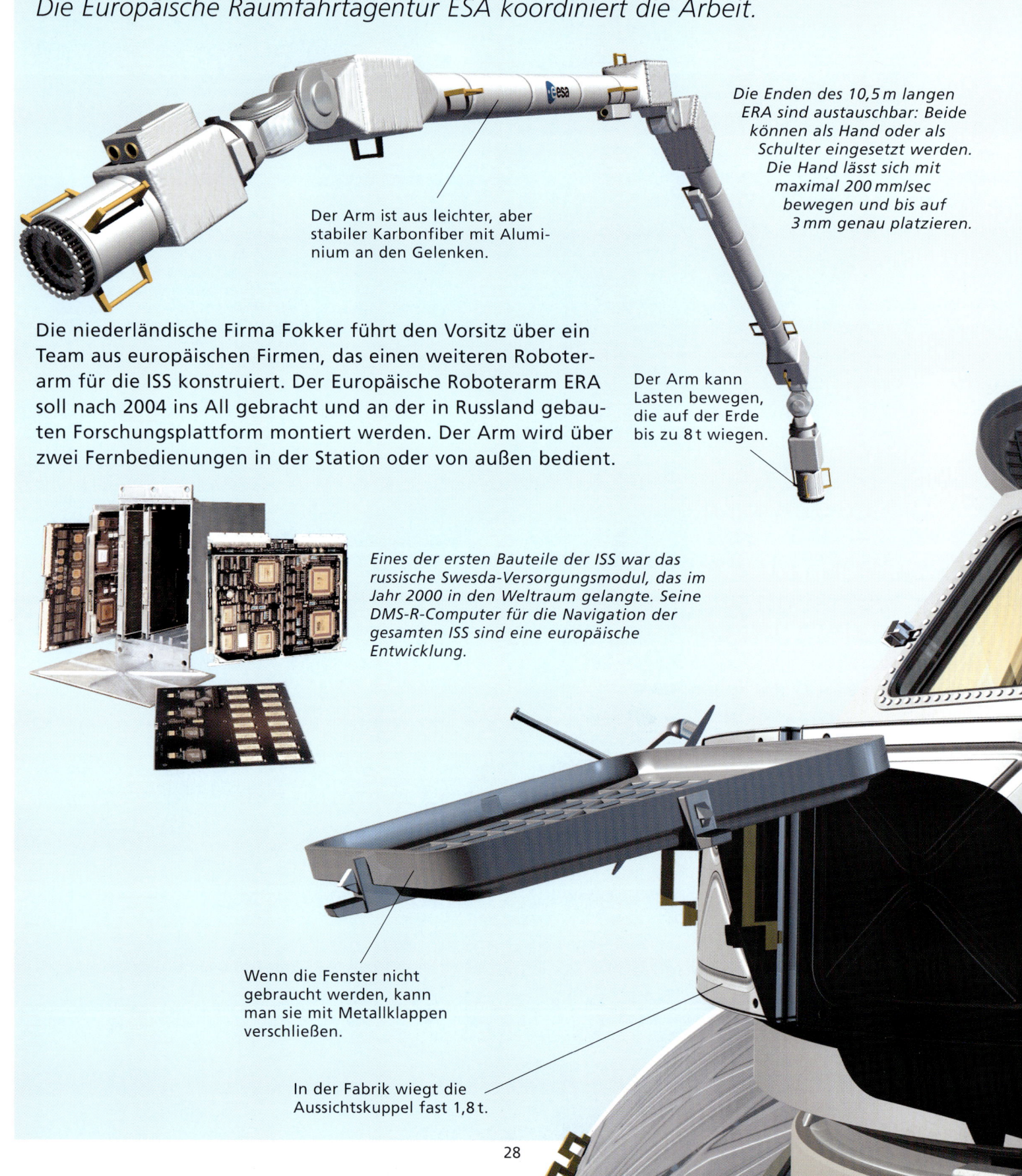

Die Enden des 10,5 m langen ERA sind austauschbar: Beide können als Hand oder als Schulter eingesetzt werden. Die Hand lässt sich mit maximal 200 mm/sec bewegen und bis auf 3 mm genau platzieren.

Der Arm ist aus leichter, aber stabiler Karbonfiber mit Aluminium an den Gelenken.

Die niederländische Firma Fokker führt den Vorsitz über ein Team aus europäischen Firmen, das einen weiteren Roboterarm für die ISS konstruiert. Der Europäische Roboterarm ERA soll nach 2004 ins All gebracht und an der in Russland gebauten Forschungsplattform montiert werden. Der Arm wird über zwei Fernbedienungen in der Station oder von außen bedient.

Der Arm kann Lasten bewegen, die auf der Erde bis zu 8 t wiegen.

Eines der ersten Bauteile der ISS war das russische Swesda-Versorgungsmodul, das im Jahr 2000 in den Weltraum gelangte. Seine DMS-R-Computer für die Navigation der gesamten ISS sind eine europäische Entwicklung.

Wenn die Fenster nicht gebraucht werden, kann man sie mit Metallklappen verschließen.

In der Fabrik wiegt die Aussichtskuppel fast 1,8 t.

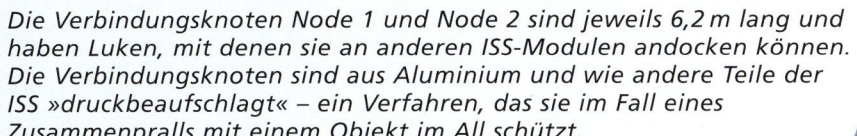

Die Verbindungsknoten Node 1 und Node 2 sind jeweils 6,2 m lang und haben Luken, mit denen sie an anderen ISS-Modulen andocken können. Die Verbindungsknoten sind aus Aluminium und wie andere Teile der ISS »druckbeaufschlagt« – ein Verfahren, das sie im Fall eines Zusammenpralls mit einem Objekt im All schützt.

Haltegriffe für die Astronauten bei Außenbordarbeiten im All

Europäische Teams entwickeln auch andere Teile für die ISS. Die italienische Firma Alenia führt eine Gruppe an, die die walzenförmigen Module Node 1 und Node 2 baut. Die mit einem System luftdichter Luken ausgestatteten Module dienen dazu, weitere Module miteinander zu verbinden.

Alenia stellt auch die Aussichtskuppel Cupola her. In diesem kleinen sechsseitigen Raum kann ein Astronaut durch sechs Fenster und ein rundes Bullauge an der Decke zu allen Seiten nach draußen sehen. Von der Cupola aus kann man ankommende Raumfahrzeuge beobachten, den Roboterarm lenken oder Himmelskörper wie Sonne, Sterne und Planeten studieren.

Node 3, das 2005 ins All gelangen wird, verfügt über Systeme, die verbrauchte Luft, schmutziges Wasser und Toilettenabfälle verarbeiten.

Jeden Knoten schützen 98 Tafeln vor Beschädigung durch Gesteinsbrocken.

Node 2 dient dem elektronischen Informationsaustausch zwischen der Zentralgitterstruktur und anderen Modulen. Auch der große Roboterarm kann daran befestigt werden.

Ein Spaceshuttle soll die Cupola 2005 zur ISS bringen. Die Kuppel mit einem Durchmesser von knapp 3 m besteht aus leichtem Aluminium. Sie ist mit einem Computerterminal, Beleuchtung und Fensterbeheizung ausgestattet; Fußschlaufen am Boden geben den Astronauten Halt.

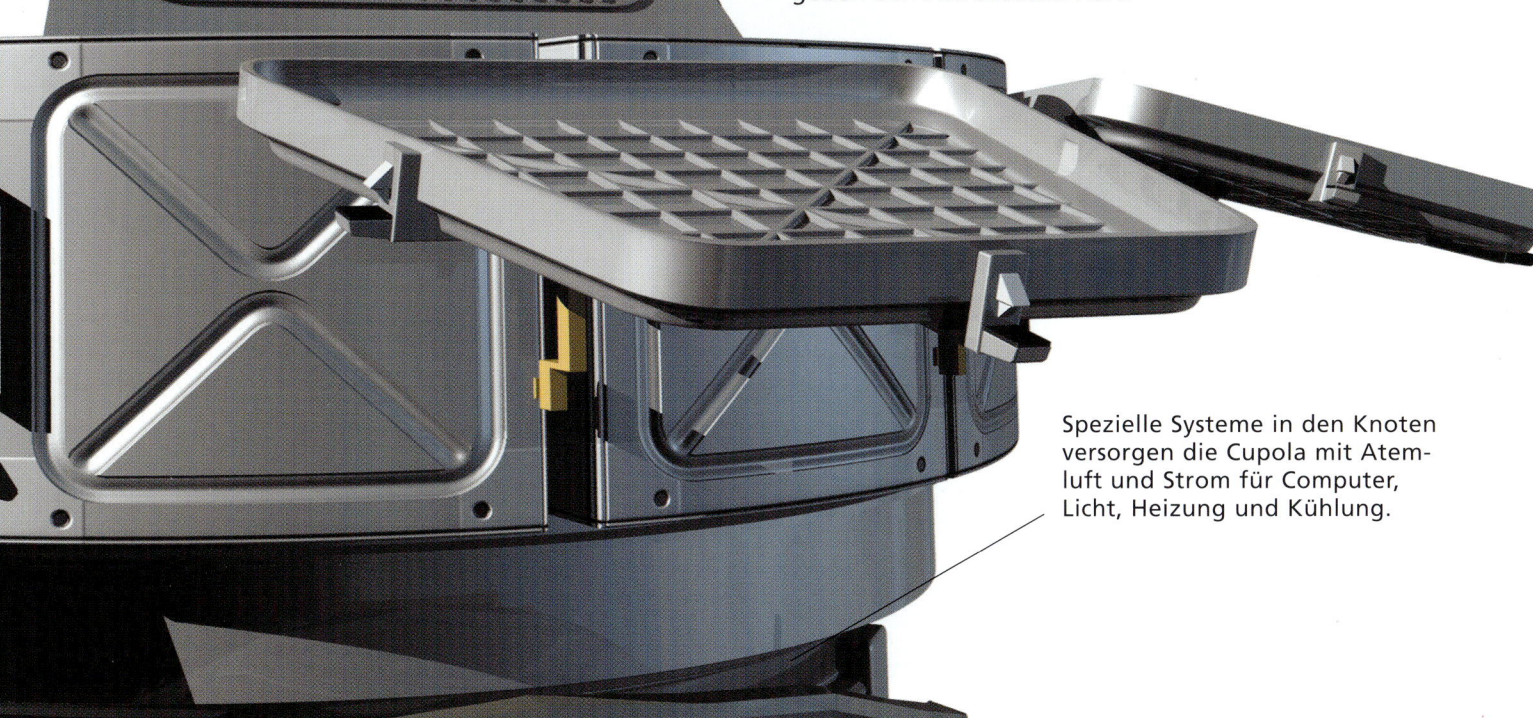

Spezielle Systeme in den Knoten versorgen die Cupola mit Atemluft und Strom für Computer, Licht, Heizung und Kühlung.

DAS KIBO-MODUL

きぼう

Kibo (»Hoffnung«) ist der Name des japanischen Experimentiermoduls. Bis zu vier Astronauten können hier gleichzeitig forschen.

Experimentier- und
Logistikmodul

Das Kibo-Zentrifugenmodul ist über 11 m lang, hat also etwa die Maße eines Reisebusses. Das Foto wurde in der japanischen Herstellerfirma aufgenommen.

Im Hauptmodul können bis zu vier Astronaten forschen.

Zehn Nutzlastschränke sind für Experimente vorgesehen. Weitere 13 Schränke nehmen Material und Geräte der Versorgungssysteme auf.

Modul aus Aluminium

Haltegriffe

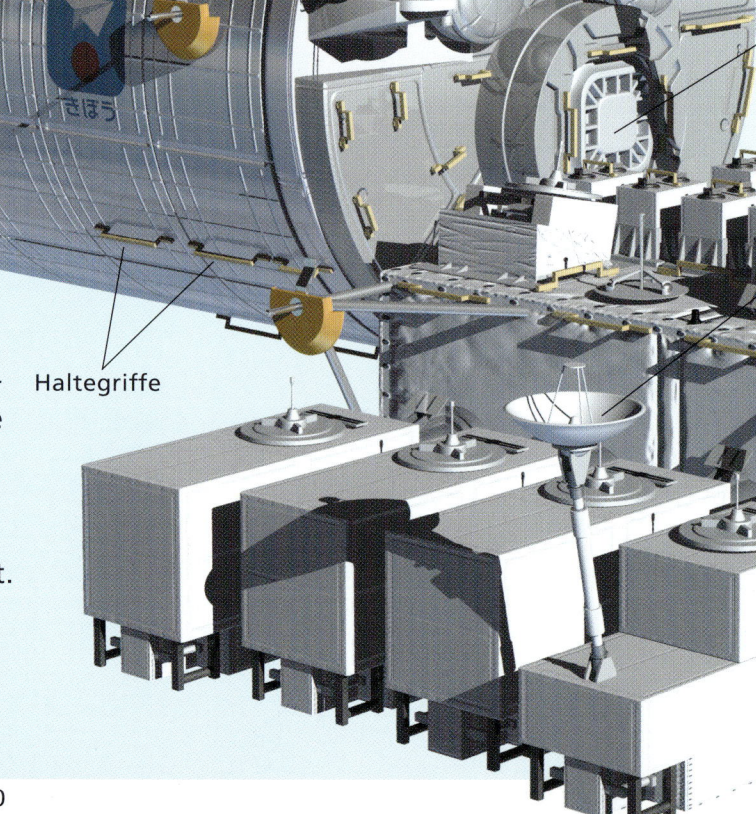

Das Kibo-Forschungsmodul besteht aus vier Teilen. Das größte ist das Zentrifugenmodul PM (engl. Pressurized Module), eine luftgefüllte Röhre, in der eine angenehme Arbeitsatmosphäre herrscht. Darüber schließt sich das Experimentier- und Logistikmodul ELM an, das Forschungsmaterial enthält. Am einen Ende des PM ist ein offenes Palettensystem montiert. Hier können mithilfe des Kibo-Roboterarms Versuche im luftleeren Raum durchgeführt werden. Bei Bedarf holt der Arm das Forschungsmaterial durch eine Luftschleuse ins Innere des PM.

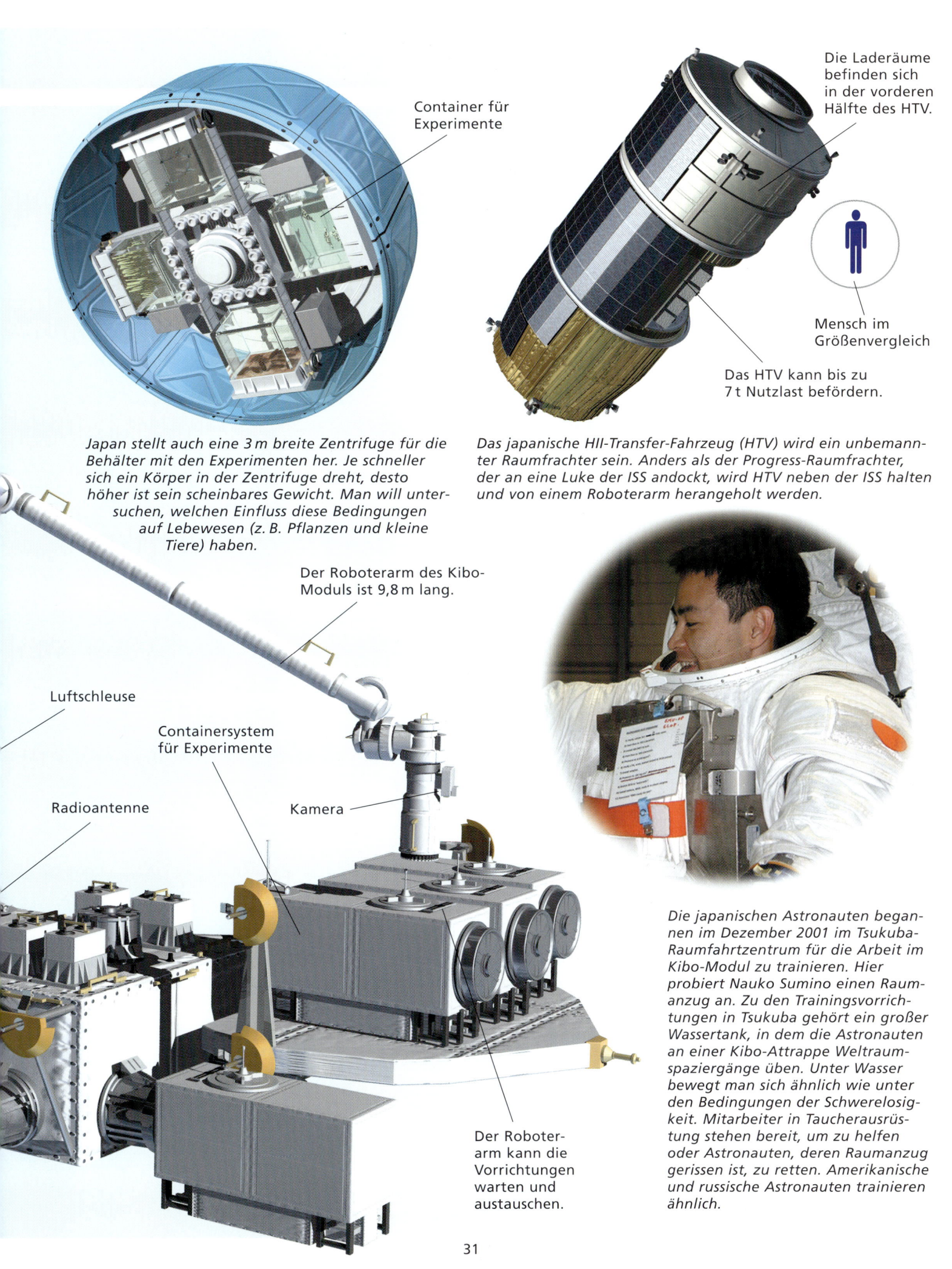

Container für
Experimente

Die Laderäume
befinden sich
in der vorderen
Hälfte des HTV.

Mensch im
Größenvergleich

Das HTV kann bis zu
7 t Nutzlast befördern.

Japan stellt auch eine 3 m breite Zentrifuge für die Behälter mit den Experimenten her. Je schneller sich ein Körper in der Zentrifuge dreht, desto höher ist sein scheinbares Gewicht. Man will untersuchen, welchen Einfluss diese Bedingungen auf Lebewesen (z. B. Pflanzen und kleine Tiere) haben.

Das japanische HII-Transfer-Fahrzeug (HTV) wird ein unbemannter Raumfrachter sein. Anders als der Progress-Raumfrachter, der an eine Luke der ISS andockt, wird HTV neben der ISS halten und von einem Roboterarm herangeholt werden.

Der Roboterarm des Kibo-
Moduls ist 9,8 m lang.

Luftschleuse

Containersystem
für Experimente

Kamera

Radioantenne

Der Roboter-
arm kann die
Vorrichtungen
warten und
austauschen.

Die japanischen Astronauten begannen im Dezember 2001 im Tsukuba-Raumfahrtzentrum für die Arbeit im Kibo-Modul zu trainieren. Hier probiert Nauko Sumino einen Raumanzug an. Zu den Trainingsvorrichtungen in Tsukuba gehört ein großer Wassertank, in dem die Astronauten an einer Kibo-Attrappe Weltraumspaziergänge üben. Unter Wasser bewegt man sich ähnlich wie unter den Bedingungen der Schwerelosigkeit. Mitarbeiter in Taucherausrüstung stehen bereit, um zu helfen oder Astronauten, deren Raumanzug gerissen ist, zu retten. Amerikanische und russische Astronauten trainieren ähnlich.

FORSCHUNG IM WELTRAUM

Die ISS ist eine Forschungsstation. In den ersten zehn Jahren ihres Bestehens sollen die wechselnden Besatzungen bereits Tausende von Experimenten durchführen. Zusätzlich dazu laufen automatisierte Versuchsreihen.

Biomedizin

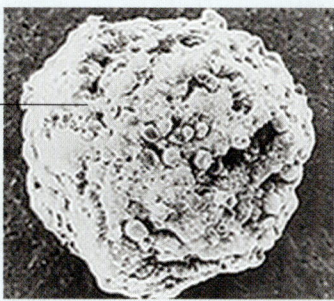

Geschä-
digte
Zelle

Die Biomedizin befasst sich u. a. mit der Frage, wie sich der Aufenthalt im All auf Lebewesen auswirkt. Bisher kennt man nur negative Folgen: Die Knochen werden brüchig, übermäßige Strahlung verursacht Krebs und zerstört Zellen. Mit dem Dummy Fred (rechts) wird man erforschen, wie sich der Aufenthalt im All auf den Menschen auswirkt. Fred steckt voller Sensoren.

Geowissenschaften

Die ISS umrundet unseren Planeten in 80 Minuten einmal. Die Besatzung der ISS kann von diesem Punkt aus hervorragend das Wetter, aber auch längerfristige Veränderungen beobachten, z. B. die Umweltverschmutzung und den Treibhauseffekt.

Bei einem Ausbruch im Jahr 2001 steigen vom Vulkan Ätna Rauch- und Asche-wolken auf.

Astronomie

Auf ihrer Umlaufbahn hoch über der Erdatmosphäre ist die ISS ein gutes Observatorium. Mit der Ausrüstung an Bord kann man Himmelskörper wie diesen explodierenden Stern beobachten.

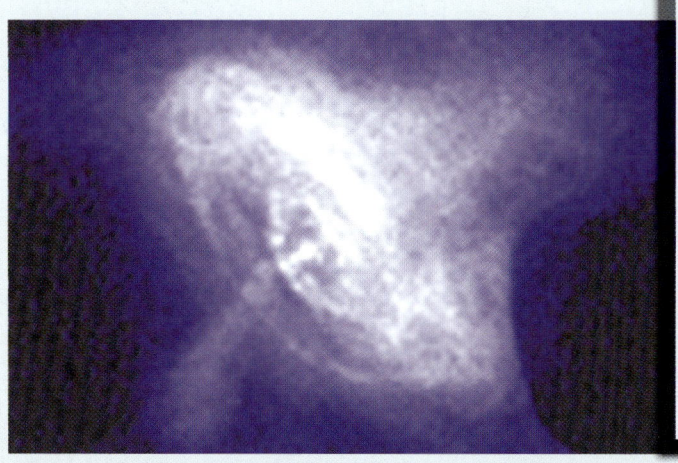

Weltraumprodukte

Im Weltraum werden viele Medikamenten-Experimente durchgeführt. So will man z. B. ein Mittel gegen Diabetes finden, denn im All kann man größere und reinere Insulin-kristalle züchten als auf der Erde.

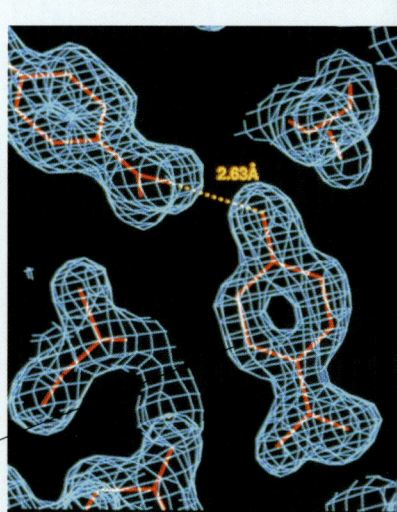

Computerdar-stellung im All gezüchteter Insulinmoleküle

Erforschung der Mikrogravitation

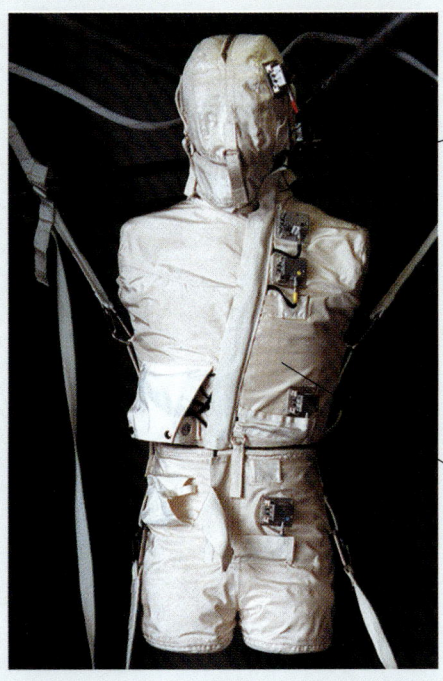

Fred hat Größe und Gestalt eines durchschnittlichen Menschen.

Die Sensoren befinden sich dort, wo beim Menschen Herz, Lunge und andere wichtige Organe sind.

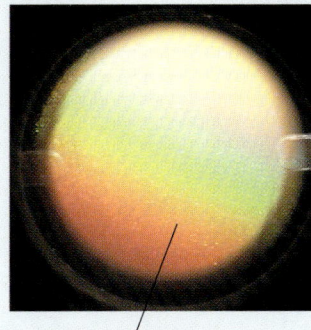

ISS-Experiment mit einem Kolloid, also einer Flüssigkeit, in der Teilchen schweben (z. B. Dispersionsfarbe)

Aufgrund der Schwerelosigkeit wiegen Objekte in der ISS nur ein Milliardstel so viel wie auf der Erde. In der so genannten Mikrogravitation ist vieles anders. Heiße Luft steigt hier nicht auf. Zündet man ein Streichholz an, so brennt die Flamme kugelförmig, bis der Sauerstoff darum herum aufgebraucht ist. Wenn man Luftblasen in heißes Metall einsprüht, erhält man einen stabilen, leichten Metallschaum. Erforschen will man auch neue Arten von Farben und Tinten aus ultrafeinen Mischungen.

Materialkunde

Bei den ISS-Materialkunde-Experimenten (MISSE) versucht man herauszufinden, welches Material sich am besten für den Bau von Raumfahrzeugen eignet. Verschiedene Proben (Metalle, Kunststoffe u.a.) werden auf einem besonderen Gestell bis zu drei Jahre lang den Weltraumbedingungen ausgesetzt – der Hitze der direkten Sonneneinstrahlung, der Eiseskälte im Schatten und der Erosion durch Staubteilchen.

Das erste MISSE-Gestell wurde im August 2001 an der ISS montiert.

Weil der Transport ins All teuer ist, werden die Experimente mit möglichst leichten Materialen und auf kleinstem Raum durchgeführt. Hier ein russischer Kosmonaut mit einem Mikrolabor, das ein Mittel gegen Krebs erzeugt. Wenn das Medikament die gewünschte Wirkung erzielt, wird es vielleicht eines Tages hergestellt werden.

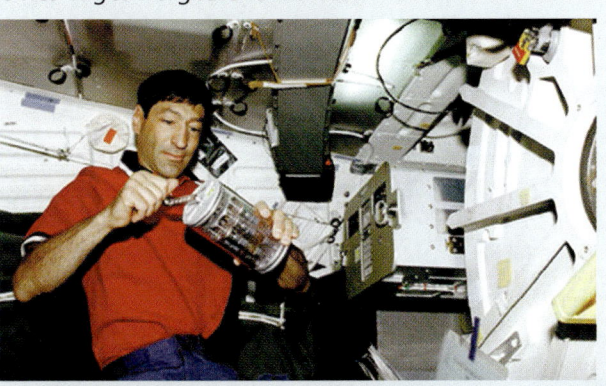

DER RAUMANZUG

Ein Astronaut kann die ISS nur im Raumanzug verlassen.
Ein Raumanzug ist so etwas wie ein Einmannraumschiff.
Er hält den Astronauten in der für ihn tödlichen
Umgebung des Alls am Leben.

Das Helmvisier ist mit einer
dünnen Goldschicht über-
zogen, die die intensive
Sonnenstrahlung reflektiert
und die Hitze abhält.

In den einteiligen
»Snoopy«-Helm sind
Mikrofon und Hörer ein-
gebaut, damit der Astro-
naut die Verbindung zur
ISS halten kann.

Früher waren die amerikanischen Raumanzüge einfach
abgewandelte Fluganzüge für
Düsenjägerpiloten. Der erste
Astronaut in einem einsitzigen
Mercury-Raumfahrzeug trug
Nylonwäsche und darüber einen
Anzug aus mit Aluminium über-
zogenem Stoff. Für spätere Missionen wie die Apollo-Fahrten
der Jahre
1969–1972 wur-
den die Anzüge
weiterentwickelt.
Die Raumanzüge für
die Besatzung der ISS müssen einiges
aushalten, denn bei der Montage der
Raumstation werden 1200 Stunden
Außenarbeiten stattfinden.
Heiz- und Kühlsysteme sorgen für das
richtige Klima im Anzug. Über Kommu-
nikationsgeräte halten die Astronauten während eines
Weltraumspaziergangs Kontakt zur ISS. Der Rucksack
enthält einen Vorrat an Atemluft. Da die Station
auf jeder Erdumrundung einige Zeit im Schatten
verbringt, sind am Helm Scheinwerfer ange-
bracht.

US-Astronauten
einer früheren
Mission

Die Clips kann der Astronaut in
den Haltegriffen außen an der
ISS einhängen.

NASA

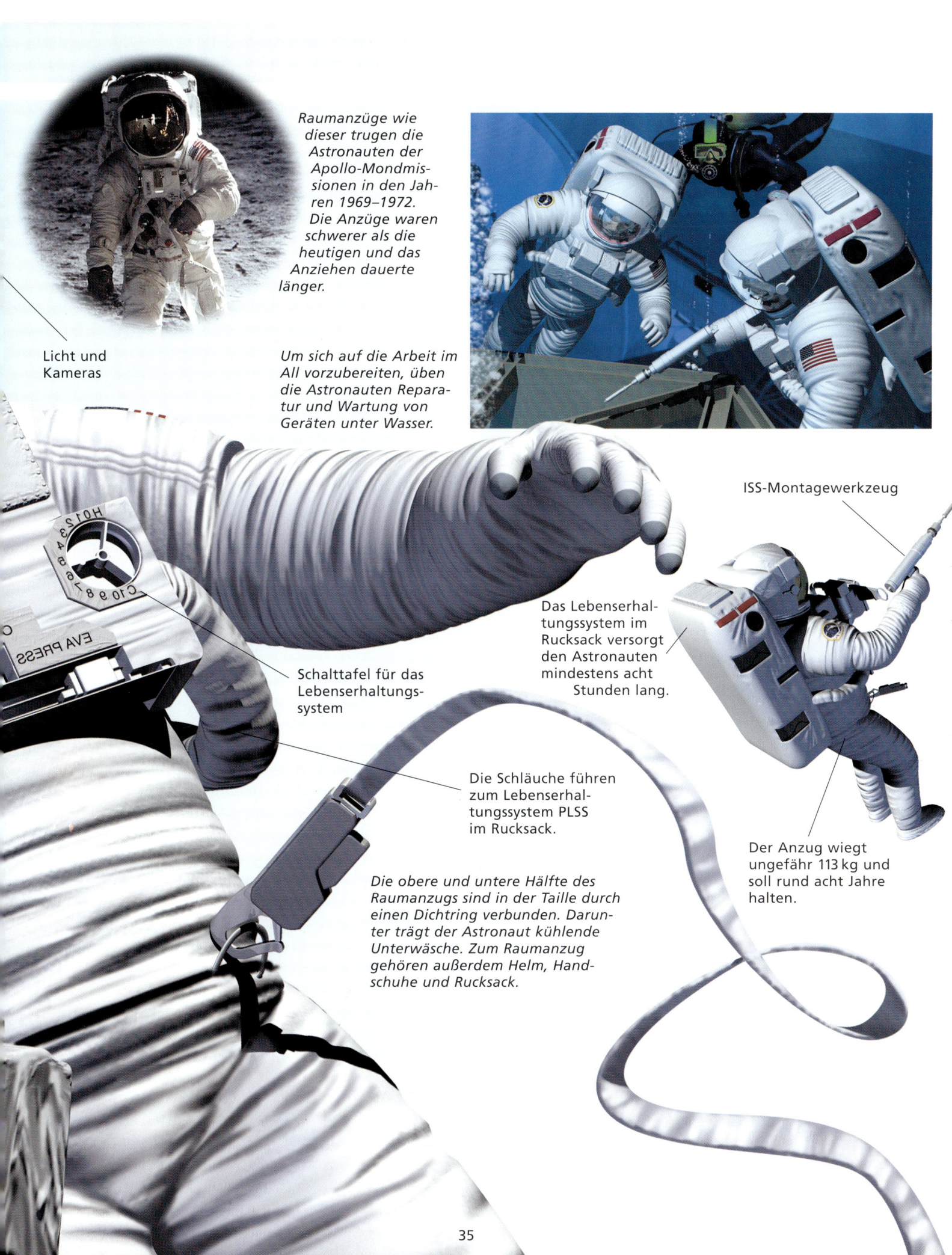

Raumanzüge wie dieser trugen die Astronauten der Apollo-Mondmissionen in den Jahren 1969–1972. Die Anzüge waren schwerer als die heutigen und das Anziehen dauerte länger.

Licht und Kameras

Um sich auf die Arbeit im All vorzubereiten, üben die Astronauten Reparatur und Wartung von Geräten unter Wasser.

ISS-Montagewerkzeug

Das Lebenserhaltungssystem im Rucksack versorgt den Astronauten mindestens acht Stunden lang.

Schalttafel für das Lebenserhaltungssystem

Die Schläuche führen zum Lebenserhaltungssystem PLSS im Rucksack.

Der Anzug wiegt ungefähr 113 kg und soll rund acht Jahre halten.

Die obere und untere Hälfte des Raumanzugs sind in der Taille durch einen Dichtring verbunden. Darunter trägt der Astronaut kühlende Unterwäsche. Zum Raumanzug gehören außerdem Helm, Handschuhe und Rucksack.

EINE ISS-MISSION

Die Fahrt zur ISS dauert 10 bis 14 Tage. Oft ist der Laderaum der Raumfähre vollständig mit Teilen für die ISS gefüllt. Wenn genug Platz da ist, kann die Raumfähre zusätzlich einen Satelliten mitnehmen und ihn auf seine Umlaufbahn bringen. Nach dem Andocken an der ISS statten die bis zu sieben Astronauten des Spaceshuttles den drei Besatzungsmitgliedern der ISS einen Besuch ab.

Blick aus der Raumfähre auf die ISS kurz vor dem Andocken. Es ist kaum zu glauben, dass die beiden Raumfahrzeuge 467 km/min zurücklegen.

Bau und Wartung der ISS machen Dutzende von Fahrten der Spaceshuttles und der russischen Raumfahrzeuge Progress und Sojus erforderlich. Jeder Raumfahrzeugtyp hat dabei seine eigenen Aufgaben: **1.** Der Spaceshuttle befördert große Module und Astronauten; nach dem Andocken besucht seine siebenköpfige Besatzung das dreiköpfige ISS-Team. **2.** Der neueste Progress ist ferngesteuert, transportiert Nachschub zur Station und anderes zurück zur Erde. **3.** Sojus dient als »Raumtaxi« und als »Rettungsboot«. Da es drei Menschen Platz bietet, kann es ein ISS-Team aufnehmen und – was besonders wichtig ist – längere Zeit an der ISS angedockt bleiben.

Der ISS-Kommandant Yurij Onufrijenko wartet an der Luke, um die Besatzung der Raumfähre zu begrüßen.

Astronauten montieren Teile der ISS. Zur besseren Erkennung trägt jeder Bänder in einer anderen Farbe.

James Voss führt bei Montagearbeiten per Computer und Fernsehkamera den Roboterarm.

Der Spaceshuttle hebt vom Kennedy Center in Florida ab. Er beschleunigt in acht Minuten von 0 auf über 28 000 km/h.

Orbiter und Besatzung sind schwerelos. Die Astronautin kontrolliert, ob der Orbiter Kurs auf die Station hält.

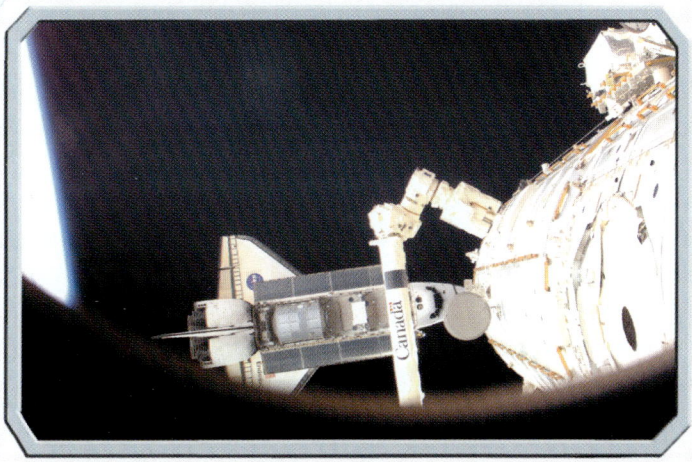

Die Raumfähre Endeavour, vom Innern der ISS aus gesehen. Davor ist der kanadische Roboterarm zu erkennen.

Nun ist es nicht mehr weit zur ISS. An der Station ist das angedockte dreisitzige Sojus-Weltraumtaxi (Pfeil) zu sehen.

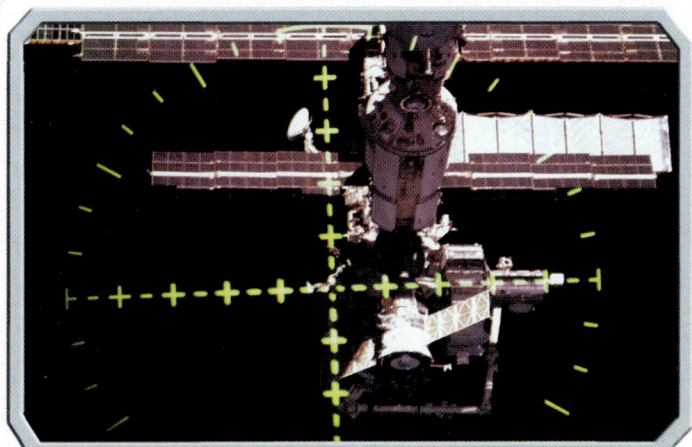

Die Raumfähre löst sich von der ISS und fährt weg. Das eingeblendete Fadenkreuz erleichtert das Manöver.

Die Mission ist beendet. Die Raumfähre landet mit 346 km/h auf der Erde. Ein Bremsschirm verlangsamt die Fahrt.

*In der Raumstation lebt man ganz anders als auf der Erde.
Manches aber bleibt gleich: Die ISS-Astronauten arbeiten,
verschaffen sich regelmäßig Bewegung, haben
Freizeit, schlafen gut und ernähren sich gesund.*

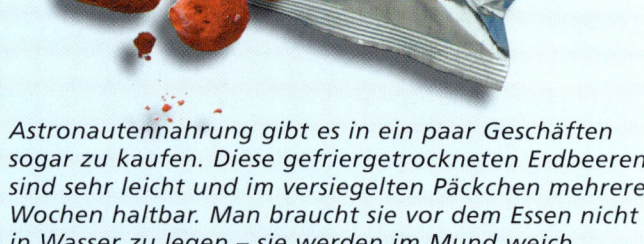

Die Astronauten der ISS nehmen drei Mahlzeiten am Tag
zu sich, die auf ihren Geschmack und auf ihre Körper-
größe abgestimmt sind: Große Leute bekommen mehr zu
essen. Mexikanische Tortillas eignen sich als Weltraumnah-
rung besser als Brot, weil sie nicht so krümeln. Die Krümel
könnten in die empfindlichen Geräte geraten, in Lüftungs-
düsen stecken bleiben oder – noch schlimmer – einem
Astronauten in die Nase schweben. Salz und Pfeffer gibt
es nur als flüssige Würzmischungen, weil man sie nicht
über die Speisen streuen kann – die Körnchen würden
davonschweben.

Vieles andere wie Nüsse, Obst und Schokoladenkuchen
kann man ganz normal essen. Da die ISS auch einen
Herd hat, gibt es regelmäßig warme Mahlzeiten. Die
Getränke trinkt man aus speziellen Flaschen, denn
ebenso wie Krümel sind Flüssigkeiten ein Sicher-
heitsrisiko: Ein einziger Tropfen kann in der
Elektrik einen Kurzschluss und ein Feuer
verursachen. Nach den Mahlzeiten stecken die
Astronauten Reste und Verpackungen in die
Müllpresse. Ein Progress-Raumfahrzeug oder
ein Spaceshuttle nimmt den gesammelten Müll
mit.

*Astronautennahrung gibt es in ein paar Geschäften
sogar zu kaufen. Diese gefriergetrockneten Erdbeeren
sind sehr leicht und im versiegelten Päckchen mehrere
Wochen haltbar. Man braucht sie vor dem Essen nicht
in Wasser zu legen – sie werden im Mund weich.*

*Der größte Unterschied zwischen dem Leben auf der Erde
und dem in der ISS besteht in der Schwerelosigkeit. Im All
gibt es weder »oben« noch »unten«. Die meisten Astronaten sind eine Weile regelrecht »weltraumkrank«, stellen sich
aber rasch um. Dann macht ihnen der neue Zustand großen
Spaß. Ein Nebeneffekt von Aufenthalten auf der ISS ist, dass
sich die Wirbelsäule, vom Einfluss der Schwerkraft befreit,
um 5 cm oder mehr dehnt.*

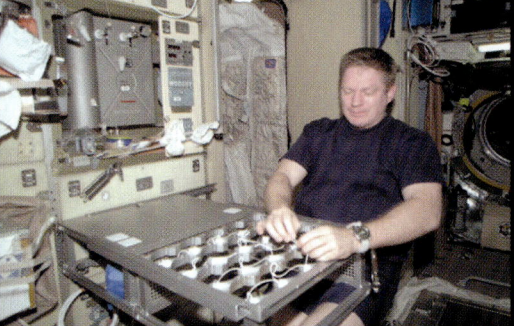
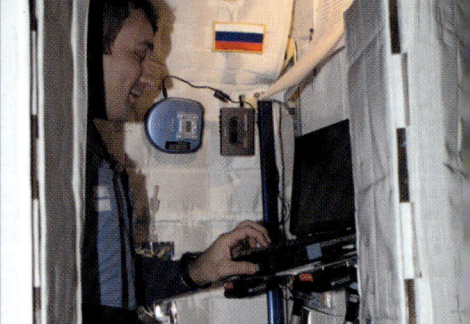

1 Ein Progress-Raumfrachter bringt der ISS 2 t Nachschub.

2 Zubereitung einer Mahlzeit in der ISS-Kombüse des Swesda-Moduls

3 Gruppenbild: das Dreier-Team der ISS und die Besatzung der Raumfähre

4 Beim Essen: Der Apfel ist mit Klebeband befestigt, die Speise schwebt aus der Dose.

5 Kurz vor dem Weltraumspaziergang in der Luftschleuse Quest

6 Nahaufnahme der Swesda-Kombüse

7 Das regelmäßige Training auf der »Tretmühle« der ISS erhält die Muskeln.

8 Astronauten posieren für die Kamera.

9 Arbeit im Destiny-Modul

10 Wladimir Deschurow neben seinem Schlafplatz. An der Wand hängt sein CD-Portable.

11 Der Herd an Bord der Swesda muss regelmäßig gewartet werden.

12 Ein Staubsauger nimmt beim Haareschneiden die Haare auf.

	1		2		3
		4			5
					6
12	11	10	9	8	7

GEFAHR IM ALL

Im All wimmelt es nur so von Objekten, angefangen von winzigen Staubteilchen bis hin zu gewaltigen Gesteinsbrocken. Würde die ISS von einem größeren Objekt getroffen, käme es zur Katastrophe.

Was die Teilchen des Weltraumstaubs gefährlich macht, ist ihre Geschwindigkeit von 10 km/sec und mehr. Die Solarzellen sind besonders empfindlich. Wenn ein Objekt auf eine Zelle trifft, verdampft es augenblicklich und erzeugt dabei einen Hitzeblitz. Dieser kann die Solarzelle beschädigen oder den Kontrollgeräten ein falsches Signal übermitteln. Auch größere Brocken, so genannte Meteoriten, stellen ein Risiko dar. Die meisten sind winzig klein, andere ziemlich groß.

Die besonders kritischen Teile der ISS wie Wohnbereiche und unter Hochdruck stehende Tanks sind durch mehrere Lagen keramischer Fasern geschützt; sie bilden eine Art Stoßdämpfer für bis zu 10 mm große Objekte. Größere Materiebrocken orten die Radare auf der Erde. Im Notfall kann man die ISS aus dem Weg manövrieren.

Eine größere Gefahr sind Raumfahrzeuge. Im Juni 1997 kollidierte ein Progress-Raumschiff mit der russischen Raumstation Mir. Durch den Aufprall drehte sich die Mir um sich selbst und aus mehreren Teilen der Station entwich Luft. Die Kosmonauten hatten jedoch Glück: Lebenswichtige Vor-

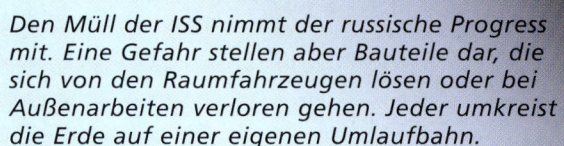

Den Müll der ISS nimmt der russische Progress mit. Eine Gefahr stellen aber Bauteile dar, die sich von den Raumfahrzeugen lösen oder bei Außenarbeiten verloren gehen. Jeder umkreist die Erde auf einer eigenen Umlaufbahn.

räte, darunter Lebensmittel und Wasser, befanden sich in Modulen, die nicht betroffen waren, und die Schäden konnten später repariert werden. Heute wird die ISS nur von Spaceshuttles und den Raumfahrzeugen Progress und Sojus besucht. Später will man den Nachschub aus Europa und Japan von unbemannten Frachtern transportieren lassen, die von der Erde aus ferngesteuert werden.

Das große Bild zeigt, was geschehen könnte: Ein abgestoßener Treibstofftank ist mit der ISS zusammengestoßen. Module und angedockte Raumfahrzeuge treiben davon.

Große Gesteinsbrocken wirken zwar bedrohlicher als Staubkörner, sind aber auch leichter zu orten.

Im Jahr 1993 schlug ein Lacksplitter mit 60 km/sec in ein Orbiterfenster ein und zerschlug die äußere Scheibe.

Im All umkreisen Tausende von Objekten die Erde. Die größeren, z. B. Satelliten und Treibstofftanks, kann man von der Erde aus überwachen. Kleine Objekte sind schwerer auszumachen und deshalb gefährlicher.

DIE ZUKUNFT DER ISS

Die ISS soll mindestens 10 bis 15 Jahre lang in Betrieb sein. Vermutlich wird sie aber länger im All bleiben. Ihre Zukunft hängt davon ab, wie sich die Forschungsprojekte entwickeln und welche neuen Raumfahrzeugtypen es geben wird.

Wenn die Experimente auf der ISS erfolgreich sind, werden nach dem Jahr 2010 in einer Weltraumfabrik vielleicht Medikamente oder Werkstoffe hergestellt. Die Wartung der ISS nimmt allerdings viel Zeit in Anspruch. Solange die Besatzung nur aus drei Astronauten besteht, bleibt nicht viel Zeit für die Forschung übrig. Man plant deshalb, ein weiteres Sojus-Raumfahrzeug oder eine weiterentwickelte Mini-Raumfähre an der ISS andocken zu lassen, sodass sich mehr Menschen gleichzeitig dort aufhalten können.

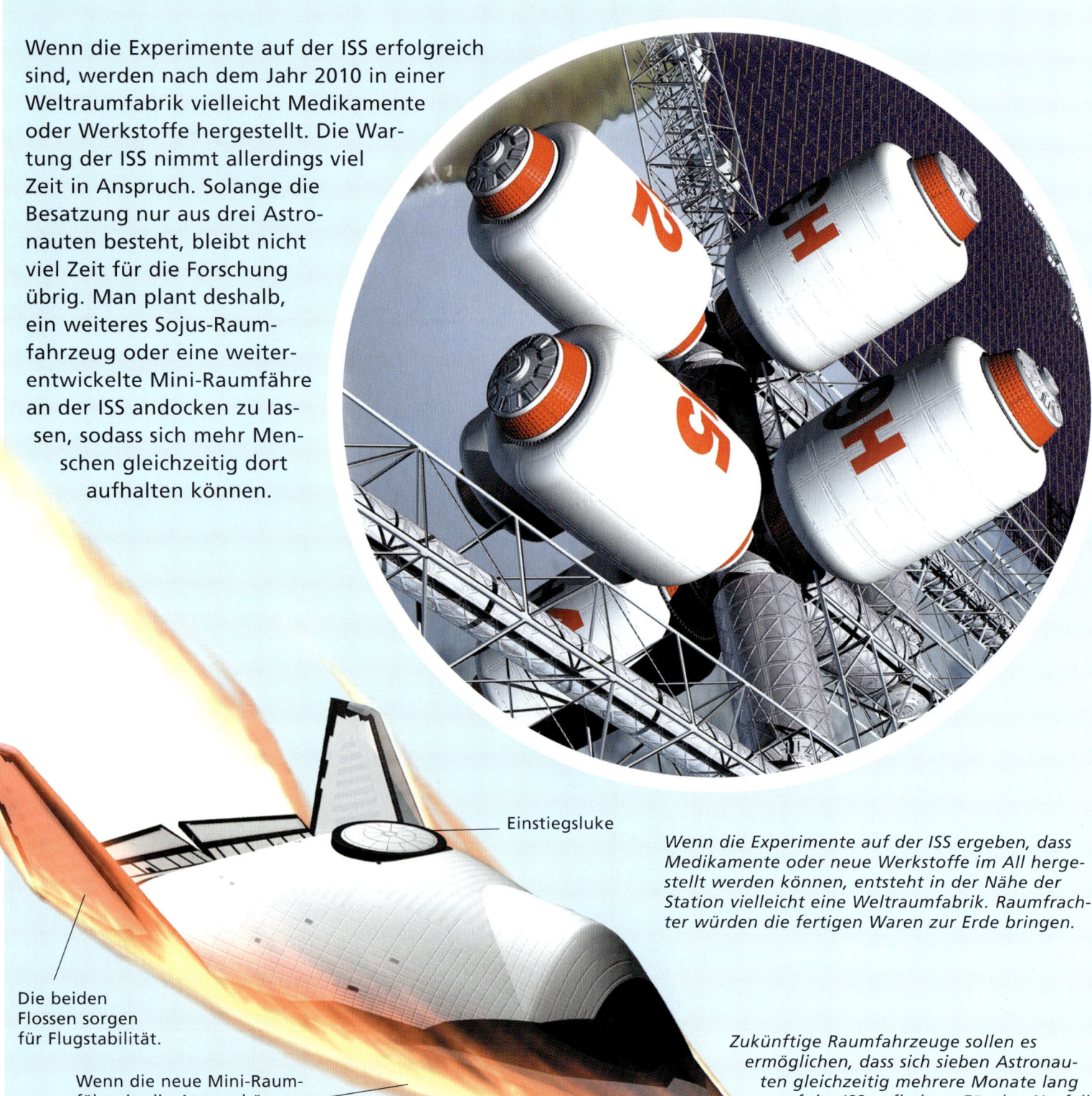

Einstiegsluke

Die beiden Flossen sorgen für Flugstabilität.

Wenn die neue Mini-Raumfähre in die Atmosphäre eintritt, heizt sie sich unten stark auf.

Wenn die Experimente auf der ISS ergeben, dass Medikamente oder neue Werkstoffe im All hergestellt werden können, entsteht in der Nähe der Station vielleicht eine Weltraumfabrik. Raumfrachter würden die fertigen Waren zur Erde bringen.

Zukünftige Raumfahrzeuge sollen es ermöglichen, dass sich sieben Astronauten gleichzeitig mehrere Monate lang auf der ISS aufhalten. Für den Notfall steht dann immer ein Rettungsfahrzeug an der Andockstelle bereit.

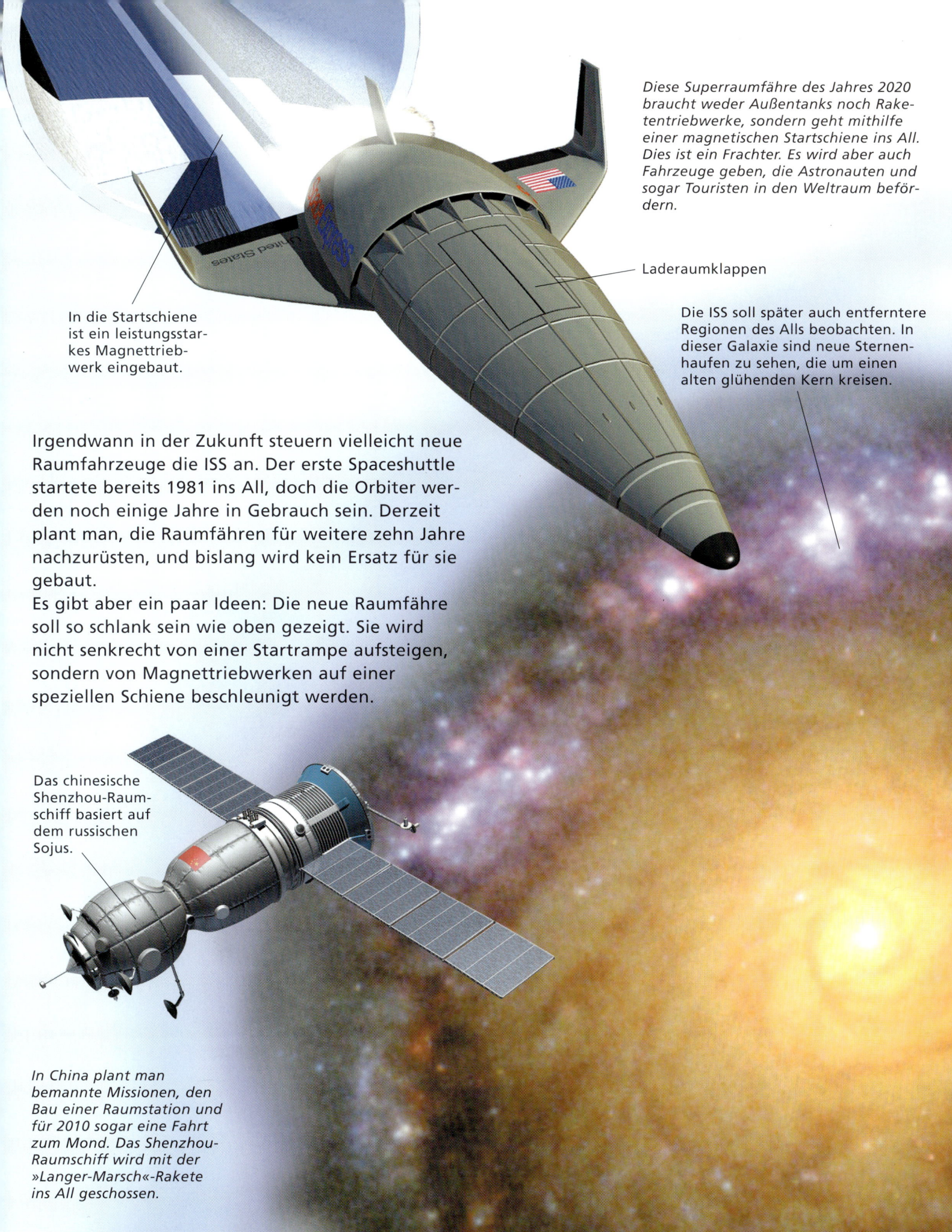

Diese Superraumfähre des Jahres 2020 braucht weder Außentanks noch Raketentriebwerke, sondern geht mithilfe einer magnetischen Startschiene ins All. Dies ist ein Frachter. Es wird aber auch Fahrzeuge geben, die Astronauten und sogar Touristen in den Weltraum befördern.

Laderaumklappen

In die Startschiene ist ein leistungsstarkes Magnettriebwerk eingebaut.

Die ISS soll später auch entferntere Regionen des Alls beobachten. In dieser Galaxie sind neue Sternenhaufen zu sehen, die um einen alten glühenden Kern kreisen.

Irgendwann in der Zukunft steuern vielleicht neue Raumfahrzeuge die ISS an. Der erste Spaceshuttle startete bereits 1981 ins All, doch die Orbiter werden noch einige Jahre in Gebrauch sein. Derzeit plant man, die Raumfähren für weitere zehn Jahre nachzurüsten, und bislang wird kein Ersatz für sie gebaut.
Es gibt aber ein paar Ideen: Die neue Raumfähre soll so schlank sein wie oben gezeigt. Sie wird nicht senkrecht von einer Startrampe aufsteigen, sondern von Magnettriebwerken auf einer speziellen Schiene beschleunigt werden.

Das chinesische Shenzhou-Raumschiff basiert auf dem russischen Sojus.

In China plant man bemannte Missionen, den Bau einer Raumstation und für 2010 sogar eine Fahrt zum Mond. Das Shenzhou-Raumschiff wird mit der »Langer-Marsch«-Rakete ins All geschossen.

Die bisher gebauten Raumstationen waren relativ klein. Die ISS soll 2006 fertig gestellt sein.

Die Idee einer Raumstation ist nicht neu: Bereits in den 1950er-Jahren gab es konkrete Pläne. Allerdings dachte man damals an ein riesiges Rad, das sich langsam dreht.

In den 1950er-Jahren dacht man an eine radförmige Weltraumstation.

Durch die Drehung sollte die Besatzung das Gefühl haben, unter den Bedingungen der Schwerkraft zu leben. Die Idee war gut, jedoch konnte man eine technisch so hoch entwickelte Station nicht bauen – ebenso wenig wie heute.

Stattdessen planten die Ingenieure die ISS ähnlich wie die Stationen der 1970er- und 1980er-Jahre, allerdings viel größer. Wichtig war, dass alle Teile der ISS Standardgröße haben und in die vorhandenen Spaceshuttles passen. Als erster Bestandteil der ISS wurde im November 1989 an Bord einer Proton-Rakete das Sarja-Modul ins All gebracht. Im Dezember folgte der Unity-Knoten. Die Montage schritt danach rasch voran, und im Oktober 2000 ging die erste dreiköpfige Besatzung an Bord. Seither wird das ISS-Team regelmäßig ausgetauscht. Im Jahr 2006 wird die ISS voraussichtlich fertig gestellt sein und lange Jahre als Weltraumlabor dienen.

1971

SALJUT 1 *Die russische Saljut 1 ist die erste Raumstation.*

1973

SKYLAB *Di ku*

2000

ENERGIE *Das große Sonnensegel wird montiert.*

2000

ERSTE CRE

2001

DESTINY *US-Labormodul wird angekoppelt.*

2001

LEONARDO

2006

FERTIGSTELLUNG *Die Raumstation ist vollendet.*

2005

ATV *Automatisierte Raumfrachter aus Europa*

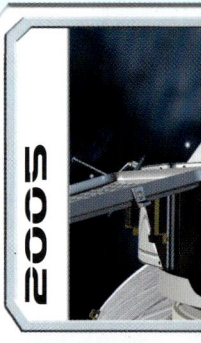

2005

CUPOLA

tation umkreist nur
rde.

MIR Die russische Station bleibt viele Jahre im All.

1986

1998

START-SCHUSS Module Sarja und Unity werden verbunden.

ste Besatzung an
rd der ISS

2000

SOJUS Erstes ISS-Team startet in Russland.

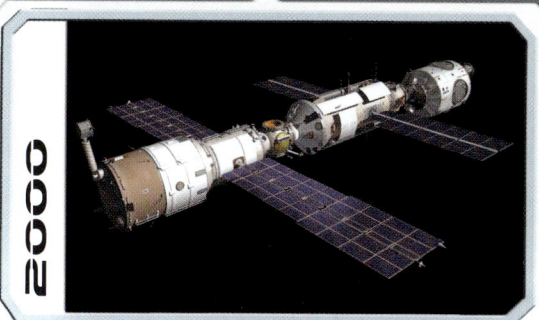

2000

SWESDA Swesda-Versorgungsmodul dockt an.

ropäisches Modul
ckt an.

2001

CANADARM 2 Der Roboterarm wird montiert.

2001

QUEST Luftschleusenmodul für die Astronauten

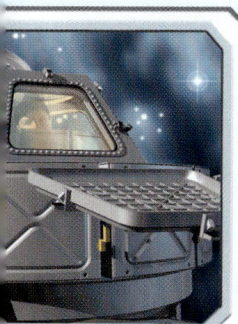
rbeitsbereich mit
ben Fenstern

2004

COLUMBUS Europäisches Labormodul

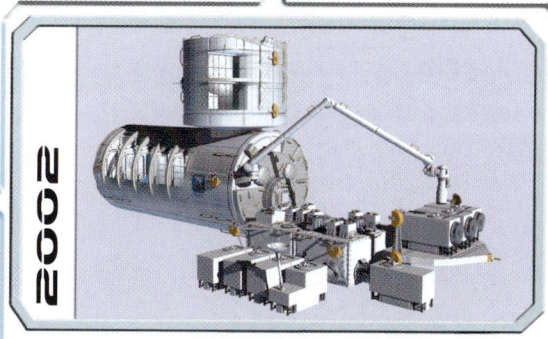

2002

KIBO Das Forschungsmodul aus Japan dockt an.

FACHBEGRIFFE

Andocken
Das Ankoppeln zweier Raumschiffe, z.B. des Sojus und der ISS. Eine feste Verbindung nennt man festes Andocken.

Andockstation
Die Stelle an einem Raumfahrzeug, an der das Andocken möglich ist.

Antenne
Gerät, das elektromagnetische Wellen aussendet oder empfängt.

Apollo
Im Rahmen dieses Weltraumprogramms landeten zwischen 1969 und 1972 mehrere Astronauten auf dem Mond.

Astronaut
»Sternenreisender«; Mitglied der Besatzung eines Raumfahrzeugs.

Atmosphäre
Mehrschichtige Gashülle, die manche Planeten umgibt. Die Erdatmosphäre besteht überwiegend aus Stickstoff und Sauerstoff.

Außentank ET
Engl. External Tank; enthält Treibstoff für die Haupttriebwerke des Orbiters.

Automatisches Transferfahrzeug (ATV)
Das in Europa entwickelte Einmalfahrzeug ATV wird Frachten zur ISS transportieren. Es nimmt den Abfall der Station auf und verglüht auf der Rückreise beim Eintritt in die Erdatmosphäre. Das ATV erhielt 2002 den Namen Jules Verne.

Baikonur-Raumfahrtzentrum
Die wichtigste Startrampe für Fahrten der Sojus- und Progress-Raumschiffe zur ISS.

Brennstoffzelle
Vorrichtung, die chemische in elektrische Energie umwandelt. Aus Wasserstoff und Sauerstoff entsteht dabei ein einziges Abfallprodukt: Wasser.

Canadarm
Kanadischer Roboterarm. Eine Version wird auf dem Spaceshuttle eingesetzt, der größere Canadarm 2 auf der ISS.

Europäische Raumfahrtagentur ESA
Engl. European Space Agency. Die ESA, eine multinationale Raumforschungsorganisation, ist das europäische Gegenstück zur US-Behörde NASA.

Express-Palette
Engl. Expedite the Processing of Experiments to Space Station. Diese Plattform lässt sich vom Roboterarm überall an der Zentralgitterstruktur anbringen. Sie nimmt Experimente auf, die außen durchgeführt werden sollen und ist der Beitrag Brasiliens zur ISS.

Fotovoltaikanlage
siehe Sonnensegel

Freier Fall und Schwerelosigkeit
Ein Raumfahrzeug ohne Antrieb befindet sich auf der Umlaufbahn im freien Fall um die Erde. Die Astronauten, die ebenfalls frei fallen, spüren keine Gewichtskraft, fühlen sich also schwerelos.

Keramikfaser
Ein Werkstoff, der im Meteoriten-Schutzsystem der ISS-Module verwendet wird.

Kibo
»Hoffnung«; japanisches Forschungs- und Experimentiermodul.

Kosmonaut
»Weltraumreisender«; Bezeichnung für russische Astronauten.

Kristall
Festkörper, dessen Bausteine in einem geordneten Kristallgitter angeordnet sind, z.B. ein Zucker- oder Salzkörnchen.

Laderaum
Teil der Raumfähre, in dem Satelliten, Module und andere Geräte auf die Umlaufbahn gebracht werden.

Luftschleuse
Ein Modul, durch das Besatzung und Material von einem Raumfahrzeug ins andere gelangen. Auf der ISS gibt es z.B. das Quest-Modul.

Mehrzweck-Logistikmodule MPLM
Engl. Multi Purpose Logistics Modules; walzenförmige Nutzlastcontainer, die von Spaceshuttles zur ISS gebracht werden. Sie sind nach den italienischen Malern Raffaello, Leonardo und Donatello benannt.

Metallschaum
Wabenartiges, mit Gasblasen versetztes Metall. Das Material ist dick, stabil und leicht.

Meteoriten
Kleine Gesteinsbrocken, die mit bis zu 72 km/sec durchs All fliegen.

Mikrogravitation
Die geringe Schwerkraft, die im Raumschiff auf der Umlaufbahn herrscht. Auf der ISS beträgt die Mikrogravitation ungefähr ein Milliardstel der Schwerkraft auf der Erde.

Mir
»Frieden«; letzte russische Weltraumstation. Sie war für eine fünfjährige Lebensdauer gebaut, blieb jedoch 15 Jahre lang in Betrieb (bis März 2001).

Modul
Allgemeine Bezeichnung für ein größeres Bauteil eines Raumschiffs.

Orbit *siehe* Umlaufbahn

Orbiter
Bezeichnung für den bemannten Teil des Spaceshuttles; kann auch für jedes andere Raumfahrzeug verwendet werden, das einen Planeten oder Mond umrundet.

Palette
Auf der ISS eine Plattform für Geräte. Auf der Palette des Kibo-Moduls z.B. laufen Außenexperimente ab.

Progress
Unbemannter russischer Raumfrachter, der aus dem dreisitzigen bemannten Raumfahrzeug Sojus entwickelt wurde.

Proton
Rakete, die russische ISS-Module und Raumfahrzeuge auf die Umlaufbahn bringt.

Raumanzug
Spezialanzug, den die Astronauten und Kosmonauten als Schutz gegen die widrigen Bedingungen im Weltraum tragen. Der Anzug verfügt über Atem-, Heiz- und Kühlvorrichtungen.

Raumstation
Ein die Erde umkreisendes, ständig bemanntes Raumfahrzeug.

Reibungshitze
Hitze, die z.B. entsteht, wenn Luftmoleküle auf die Außenhaut eines Raumfahrzeugs treffen, während dieses mit hoher Geschwindigkeit in die Atmosphäre eintritt.

Roboterarm ERA
Europäischer Roboterarm, der 2004 montiert werden soll.

Roboterarm RMS
Engl. Remote Manipulating System. Ferngesteuerter Kran, der z.B. Lasten aus einer Raumfähre in die ISS hebt.

Saljut 1
»Salut«; die erste russische Weltraumstation, die im April 1971 ins All geschickt wurde. Es folgten sechs weitere Saljuts.

Sarja
»Sonnenaufgang«. Das erste ins All beförderte Modul der ISS. Das Kontrollmodul der ISS wurde im Auftrag der USA in Russland gebaut.

Schwerelosigkeit
siehe Freier Fall

Schwerkraft
Die Kraft, die uns auf der Erde festhält. Auf der Umlaufbahn ist die Schwerkraft wesentlich geringer, liegt aber nicht genau bei Null. Man spricht auch von »Mikrogravitation« (siehe dort).

Skylab
Die erste US-Raumstation gelangte im Mai 1973 auf die Erdumlaufbahn. Es handelte sich um die umgebaute dritte Stufe einer Saturn-5-Rakete.

Sojus
»Bündnis«; das russische bemannte Raumschiff. Das erste Sojus-Raumfahrzeug fuhr 1967 ins All. Seither wurde es laufend modernisiert und dient der ISS-Besatzung als »Rettungsboot«.

Sonnensegel
Die tragflächenähnlich angeordneten Solarzellen-Einheiten der Fotovoltaikanlage, die Lichtenergie in Elektrizität umwandelt. Die Anlage versorgt die ISS mit Strom.

Steuerdüse
Kleines, oft mit Gas betriebenes Triebwerk zur Korrektur von Kurs und Neigung eines Raumfahrzeugs.

Strahlung
Bezeichnung für das »elektromagnetische Spektrum«: Licht, Radiowellen, kosmische Strahlung, Röntgenstrahlen, Infrarotstrahlen u.a. Wenn ein Organismus zu viel Strahlung abbekommt, können Zellschäden und Krebs die Folge sein.

Temperaturkontrollsystem TCS
Mit Flüssigkeit gefüllte Röhren, die das Solarenergiesystem der ISS abkühlen, sowie Kühlelemente, die Wärme ins All abstrahlen.

Tragbares Lebenserhaltungssystem PLSS
Engl. »Portable Life Support System«. Das PLSS ist im Raumanzug untergebracht. Es wärmt, kühlt und versorgt den Astronauten bis zu acht Stunden lang.

Treibhauseffekt (Globale Erwärmung)
Wirkung, die daraus entsteht, dass das CO_2 in der Atmosphäre wie ein Treibhausdach die Wärme auf der Erde hält. Dadurch steigt die Temperatur an.

Umlaufbahn (auch: Orbit)
Die runde, meist ovale Bahn im All, auf der ein Himmelskörper oder Fahrzeug um einen anderen Himmelskörper kreist, z.B. die Erde um die Sonne oder ein Raumfahrzeug um die Erde.

Umlaufhöhe
Die Entfernung eines Objekts von dem Körper, den es umrundet. Bei einer ovalen Umlaufbahn ändert sich die Höhe im Lauf einer Umrundung. Die ISS umkreist die Erde in einer Höhe von 350 bis 450 km.

Vakuum
Luftleerer Raum. Das All ist ein überwiegend luftleerer Raum.

Verbindungsknoten
Ein Modul der ISS, das andere Module miteinander verbindet.

Weltraumspaziergang
Aufenthalt eines Astronauten außerhalb des Raumfahrzeugs im All, z.B. bei Wartungs- und Montagearbeiten.

Weltraumteleskop
Ein im Weltraum stationiertes Teleskop. Das bekannteste ist das Hubble-Weltraumteleskop.

Zentralgitterstruktur
Verbindungsgerüst der ISS.

Zentrifuge
Gerät mit rotierender Trommel. Ein darin befindlicher Körper wird je nach Rotationsgeschwindigkeit schwerer oder leichter.

REGISTER